文房清玩·歷代名硯名墨 8

閱 是 編

浙江人民美術出版社

圖書在版編目（ＣＩＰ）數據

文房清玩. 歷代名硯名墨. 8 / 閱是編. －－ 杭州 ：
浙江人民美術出版社，2018.12
ISBN 978－7－5340－7126－3

Ⅰ. ①文… Ⅱ. ①閱… Ⅲ. ①文化用品－收藏－中國
－圖錄②古硯－收藏－中國－圖錄③墨－收藏－中國－古
代－圖錄 Ⅳ. ①G262－64

中國版本圖書館CIP數據核字(2018)第247228號

文房清玩·歷代名硯名墨 8
閱　是　編

責任編輯　楊　晶
文字編輯　傅笛揚　羅仕通　張金輝
裝幀設計　陸豐川
責任印製　陳柏榮

出版發行　浙江人民美術出版社
　　　　　（杭州市體育場路 347 號）
網　　址　http://mss.zjcb.com
經　　銷　全國各地新華書店
製　　版　杭州富春電子印務有限公司
印　　刷　杭州富春電子印務有限公司
版　　次　2018 年 12 月第 1 版·第 1 次印刷
開　　本　889mm×1194mm 1/16
印　　張　12
書　　號　ISBN 978－7－5340－7126－3
定　　價　300.00 圓

前　言

　　"美成在久"，語出《莊子·人間世》。但凡美好之物，都需經日月流光打磨，才能日臻至善。一蹴而就者，哪能經得起歲月的考驗？真正的美善，一定是"用時間來打磨時間的產物"——卓越的藝術品即如此，有社會責任感的藝術拍賣亦如此。

　　西泠印社的文脈已延綿百年，西泠拍賣自成立至今，始終以學術指導拍賣，從藝術的廣度與深度出發，守護傳統，傳承文明，創新門類。每一年，我們秉持著"誠信、創新、堅持"的宗旨，徵集海內外的藝術精品，通過各地的免費鑒定與巡展、預展拍賣、公益講堂等形式，倡導"藝術融入生活"的理念，使更多人參與到藝術收藏拍賣中來。

　　回望藝術發展的長河，如果沒有那些大藏家、藝術商的梳理和遞藏，現在我們就很難去研究當時的藝術脈絡，很難去探尋當時的社會文化風貌。今時今日，我們所做的藝術拍賣，不僅著眼于藝術市場與藝術研究的聯動，更多是對文化與藝術的傳播和普及。

　　進入大眾的視野，提升其文化修養與生活品味，藝術所承載的傳統與文明才能真正達到"美成在久"——我們出版整套西泠印社拍賣會圖錄的想法正源於此。上千件躍然紙上的藝術品，涵括了中國書畫、名人手跡、古籍善本、篆刻印石、歷代名硯、文房古玩、庭院石雕、紫砂藝術、中國歷代錢幣、油畫雕塑、漫畫插圖、陳年名酒、當代玉雕等各個藝術門類，蘊含了民族的優秀傳統與文化，雅致且具有靈魂，有時間細細品味，與它們對話，會給人以超越時空的智慧。

　　現在，就讓我們隨著墨香沁人的書頁，開啟一場博物藝文之旅。

目 録
CONTENTS

1025

張澍聲藏，唐雲銘，徐孝穆刻隨形梅根端硯

銘文：月落參橫候，詩心匝地行。香魂與墨夢，一半卻留君。澍聲手琢梅根研屬題。老藥。孝穆刻。

硯蓋銘文：梅根研。澍聲手琢，老藥題。

說明：隨形梅根端硯，為一小巧端石所製，隨形開淌池，略加雕琢，一任自然。硯背陰刻梅花一枝，銘曰：月落參橫候，詩心匝地行。香魂與墨夢，一半卻留君。配唐雲題紅木天地蓋，硯蓋以陽文題硯名曰：梅根研。文雅之氣撲面而來，真書齋之逸品，亦是前輩友誼之實證。

A DUAN INKSTONE INSCRIBED BY XU XIAOMU, INSCRIBED BY TANG YUN AND COLLECTED BY ZHANG SHUSHENG

11.2×8×2.1cm

RMB: 30,000－40,000

銘者簡介：唐雲（1910～1993），字俠塵，別號東原、藥塵、藥城、藥翁、老藥、大石、大石居士、大石翁，浙江杭州人。曾任中國美協理事、上海中國畫院院長、名譽院長，西泠印社理事。為海上花鳥畫"四大名旦"之一。

刻者簡介：徐孝穆（1916～1998），別名文熙，江蘇吳江人。早年畢業於上海新華藝專，擅篆刻、繪畫，尤精刻竹、硯、紫砂茶壺。上海博物館保管部主任、上海市文管會編纂。

藏家簡介：張澍聲［現代］，江蘇無錫人。昆曲名家、收藏家。喜收藏紫砂茶壺、銅香爐和字畫扇面。其祖上為無錫望族，與吳稚暉先生有世交之誼，並得識于右任、李濟深、章士釗等政界精英。與徐悲鴻、唐雲、白蕉、周煉霞、謝稚柳等書畫大家皆有往來，尤與唐雲交善。

1026

清·爱新觉罗·盛昱銘蠶紋橢圓端硯

銘文：磨兜堅，慎勿言。人心之不同，如其面焉。意園集右為銘。

說明：硯作橢圓形，形制端莊文靜，開淌池，留闊邊，淺刻仿古玉器
蠶紋，線條流暢精細。石色純淨無瑕，質地溫潤細膩，如宋高
宗所言：瑞璞出下岩，色紫如豬肝，密理堅致，豬水發墨，呵
之即澤，研試則如磨玉而無聲，此上品也。配紅木硯盒。

QING DYNASTY AN OVAL DUAN INKSTONE
INSCRIBED BY AISIN GIORO SHENGYU

17×12.6×2cm

RMB: 20,000－30,000

銘者簡介：盛昱（1850～1899），愛新覺羅氏，字伯熙，一作伯羲、伯兮、
伯熙，號韻蒔，一號意園，隸滿洲鑲白旗，肅武親王豪格
七世孫。祖敬徵，協辦大學士。父恒恩，左副都禦史。光
緒三年進士，授編修、文淵閣校理、國子監祭酒。性喜典籍，
有《意園藏書目》《八旗文經》《雪屐尋碑錄》《郁華閣文集》
等。

1027

清·張鳴翰銘長方淌池抄手端硯

銘文：淌槽寬大，能貯斗墨。興酣落筆，何用不克。其量有容兮，可比君子之德。戊戌九秋，戀青張鳴翰銘。

鑒藏印：汲綆端石　藕花香館珍藏

硯盒銘文：受天百鹿。光緒丙申小春月上浣，婉水吟瓢居士張鸞卿畫於月河并刻。

說明：端石為材，作抄手式，其色紫，硯質宛若凝脂，有大片蕉葉白及火捺，極易發墨。硯堂淺平，開淌池。硯背深鑿抄手式，平滑純淨。配張鳴翰刻柏樹圖嵌鹿形古玉紅木天地蓋。

QING DYNASTY A RECTANGULAR DUAN INKSTONE
INSCRIBED BY ZHANG MINGHAN

19.7 × 12.4 × 3.6cm

RMB: 50,000－80,000

銘者簡介：張鳴翰［清］，字藕生，號鸞卿，又號戀青，一作涵青，又號文梅、別署印史、忘機客、吟瓢居士、涇野外史。浙江秀水（今嘉興）人。工詩詞，善書畫，尤精篆刻。有《藕花香館印存》。

受天百祿

第三十三研

宜子孫專二長一尺一寸二分寬五寸五分右厚左薄　鑄記第卅三研若侯文列兩耑左側作斜方紋　跋云右厚左薄兩端皆有宜子孫字

第三十四研

富貴宜子孫專二長一尺一寸三分寬五寸五分厚二寸　鑄記第卅四研若侯文列專側富作畐孫作[illegible]　上耑大吉二字大作六幾成六字下耑列周氏作三字反文　跋云專爲周氏所作或釋爲周尹誤仞反書爲正文矣宜字缺泐據後專定之　專出劉陽

宜子孫專二第三十三
富貴宜子孫專二第三十四
富貴宜子孫專三第三十五
元嘉專第三十六
虞氏專第三十七
元嘉專第三十八
升平專第三十九
王氏專第四十
石羊專二第四十一

石羊專三第四十二
石羊專四第四十三
石羊專五第四十四
石羊專六第四十五
桓氏專第四十六
虞氏專二第四十七
虞氏專三第四十八
虞氏專四第四十九
宜子專第五十

1028

清・陸增祥銘漢磚硯

銘文：弟卅四硯。若侯。

磚文：1. 大吉。 2. 富貴宜子孫。 3. 周氏作。

著録：《八瓊室咠磚硯録》第卅四硯，陸增祥輯。

說明：以磚製硯者高古淳樸，極具玩賞價值，案上置一上好漢磚硯，古
　　　色古香無與倫比。此硯以漢磚為材，體型碩大，正面開平池，磚
　　　質細膩。此硯包漿古樸自然，具有濃厚的金石氣韻。配楠木硯盒。

QING DYNASTY A BRICK INKSTONE INSCRIBED BY LU
ZENGXIANG

Literature: *Collection of Brick Inkstones from Baqiongshi Studio*, no. 34

35.8×17.5×7cm

RMB: 100,000－150,000

銘者簡介：陸增祥（1816～1882），字魁仲，號星農、莘農，江蘇太倉
　　　　　人。道光三十年（1850）一甲一名進士，官翰林院修撰，歷
　　　　　官湖南辰永沅靖道，有政聲，以疾告歸。少通六書，好學博覽，
　　　　　精金石學《八瓊室磚硯録》《八瓊室咠磚硯録》。

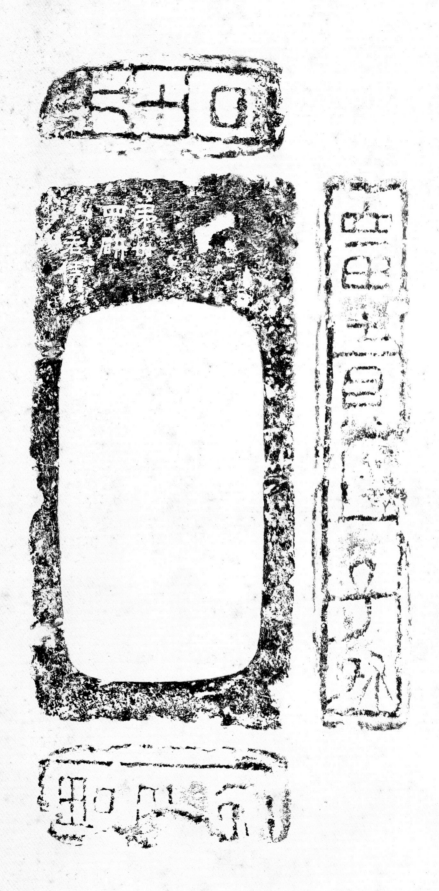

宮瓦研

乙亥四月得
於故都
濠園記

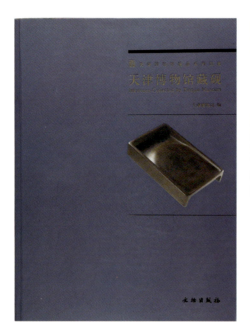

1029

徐世章、徐世昌藏清·吳榮光、吳棠湖、鄒振岳銘清宮瓦硯

銘文：1. 嘉慶庚午七月廿日南海吳榮光。印文：伯榮審定

　　　2. 岱東岳存。

　　　3. 河間吳棠湖收藏。

鑒藏印：水竹邨人

參閱：《天津博物館藏硯》，P204，琉璃瓦硯。文物出版社，2012年。

說明：此硯為清宮琉璃瓦改製，開橢圓形淌池，硯背一半有黃釉，并有乾隆年製長方印。硯質如澄泥，鱔魚
黃色，堅細易發墨。硯面有清代吳榮光、吳棠湖、鄒振岳銘文及徐世昌"水竹邨人"鑒藏印。配徐世
章銘紫檀木硯盒。

QING DYNASTY A TILE INKSTONE INSCRIBED BY WU RONGGUANG, DAI DONGYUE AND WU TANGHU AND COLLECTED BY XU SHIZHANG AND XU SHICHANG

37.5×30.3×6.7cm

RMB: 180,000－250,000

銘者簡介：1. 吳榮光（1773～1843），字伯榮，一字殿垣，號荷屋、可庵，晚號石雲山人，別署拜經老人。
廣東南海人。嘉慶四年（1799）進士，由編修官擢御史。道光中任湖南巡撫兼湖廣總督。後坐
事降為福建布政使。善於金石、書畫鑒藏，且工書善畫，精於詩詞。著有《歷代名人年譜》《筠
清館金石錄》《筠清館帖》《辛丑銷夏記》《帖鏡》《石雲山人文集》《綠柳楠館錄》《吾學
錄》等。

　　　　2. 吳棠湖（1824～1902），山東德州府寧津縣人，1875年恩科舉人。受李鴻章之邀參與《畿輔通志》
的編修。晚年專心著述。著有《寧津縣誌》，《東光縣誌》，《石經原義》，《棠湖印蒙五種》等十
餘種著作。

　　　　3. 鄒振岳（？～1893），近代書法家。字岱東，山東淄州人。同治二年（1863）進士。歷官揚州
知州、宣化知府、天津知府。書法工行草，秀勁瀟灑。

藏家簡介：1. 徐世章（1886～1954），字瑞甫，號濠園居士。天津人。北洋政府總統徐世昌之弟。擅書法，
一生致力於收集古硯、古玉、璽印、書畫、碑帖等。曾任天津工商學院、耀華中學、天和醫院
董事長。

　　　　2. 徐世昌（1854～1939），字蔔五，號菊人，亦作鞠人，一作菊存，又號東海、弢齋，別號水竹邨人，
別署水竹、石門山人，天津人。光緒十二年（1986）進士，內閣協理大臣。北洋時期為大總統。

乾隆年造

宮瓦研

乙亥四月湯於故都滇豪園記

（1844～1927）

吳昌碩，初名俊，後改俊卿，字倉石、蒼石、昌碩，一作昌石，號缶廬、缶道人、苦鐵等，浙江安吉人。詩、書、畫、印皆精，為一代藝術大師，西泠印社首任社長。其篆刻初師浙派，繼法鄧石如、吳讓之，後又上溯秦漢鈢印，尤其是得益於石鼓、磚瓦、封泥等文字。佈局突出書法意趣，刀法衝切並用，虛實相生，秀麗中帶蒼勁，流暢中見樸厚，形成以墨取勝的蒼渾古拙、酣暢厚重的篆刻風格。同時又將筆致、墨意發揮到了上限，從而影響了整個藝林，海內印人風從，被認為是一位前無古人的大篆刻家。

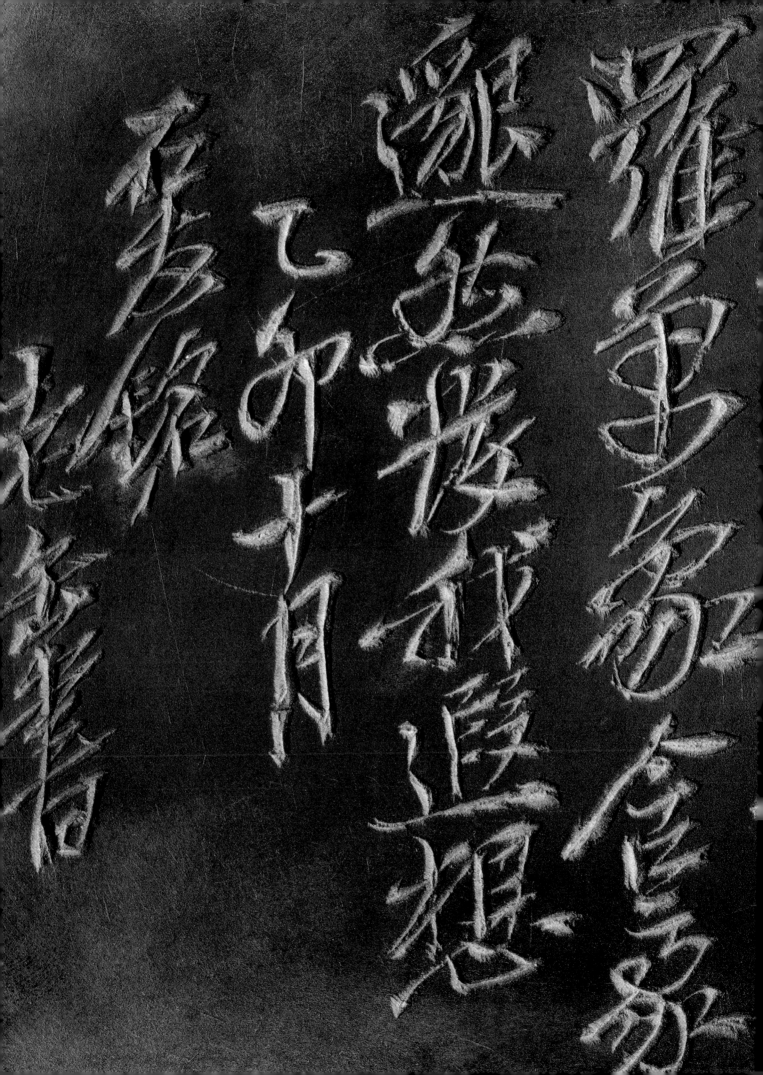

上下千年色

羅萬象含象

邋遢撥我遐想

乙卯十月

垂銘老查書

宇宙研 乙卯孟冬 老鐵同

鴻蒙境界，終極追問

——吳昌碩銘、沈石友藏"宇宙硯"

◎麋 驚

古硯收藏界最為看重的硯台專譜，非《沈氏硯林》莫屬。《西清硯譜》收錄宮廷藏硯，令名家摹畫成譜，但畫師畢竟比不得相機，以二維手段模擬三維物體，差別是必然存在的。高鳳翰《硯史》收錄自藏佳硯，彩拓墨勾，可惜原本湮沒不傳，流傳下來的僅是後人摹刻拓本，縱然王應綬、吳讓之刀法通神，終不是原貌⋯名譜雖多，或藏硯散佚不可見，或流傳不廣，知者寥寥，或良莠夾雜，真偽難辯。而《沈氏硯林》收硯既佳，其中大部分銘文為沈汝瑾好友吳昌碩所書，宛若一冊作者自選的精品集，可以稱為文人硯譜中翹楚。並且，譜中之硯尚有相當數量存世。從2008年起，西泠拍賣力尋《沈氏硯林》藏硯呈拍，一舉成為文人硯拍賣領域的標杆，保持紀錄近十年之久。

2018西泠春拍，《沈氏硯林》著錄"宇宙硯"橫空出世！綜觀硯林名珍，此方"宇宙硯"直達形而上，找尋著曠代知音，無疑是寓意最為宏闊，啟迪最為深遠的研林之魂！

（一）

有觀天之壯，興沒縱橫

以補天之姿，悠念群生

應沈石友之請，吳昌碩書下十六字硯銘：上下千年，包羅萬象。含豪邈然，發我遐想。硯名"宇宙"。時值乙卯（1915年）十月。

是年，上海題襟館書畫會推選吳昌碩為會長，缶翁功成名就。然而藝壇圖景終究是世局一隅，正是乙卯，喪權辱國的"二十一條"簽訂，中俄蒙《恰克圖協約》簽訂，《新青年》創刊，袁世凱稱帝，《辭源》暢銷⋯⋯局勢變幻動盪。

同是乙卯，冬至後三日夜，沈石友自書《沈氏硯林序》：

阽危值家國，身是憂患餘⋯⋯蒲團坐靜觀，方寸還唐虞，如今遭變革，世途益崎嶇⋯⋯天教作野史，欲使

為董狐，神姦禍中國，昔智今何愚。

這些憂患的句詞，給硯譜罩上了不尋常的書衣。細觀《沈氏硯林》載硯之銘，不難找到一系列"補天"之喻。譬如"補天缺，填海深，烈士骨，志士心"，又譬如"歷劫不磨，炎黃片土。硜硜小人，用以復古"。

如果換一個角度，把《沈氏硯林》看作一部晚清知識份子的人格辭典，那麼它的精神底色之一，一定是沈石友的《鳴堅白齋詩存》。那裡不只有百數十首他與吳昌碩往來酬唱、策勵共勉的詩，更有沈氏對天下大事的明銳洞察。

《鳴堅白齋詩存》為編年排列，以辛亥革命為界限分卷，前十卷後二卷。大量感事、紀事詩的本事，則是對甲午中日戰爭、馬尾之戰、日俄戰爭、清五大臣出洋立憲考察、黃河決口、清政府向英貸款修築鐵路等大量時事的評論。這也是以詩家自居的吳昌碩，尤為欣賞沈石友詩，認為其特具磅礴氣勢，且多有請筆代寫的緣故。

沈石友自言"閉門索居，惟與舊相知者酬唱簡牘往來而已"，其實面對神州陸沉，四維不張，自稱閉門遺世的沈汝瑾，又何曾釋懷。文字關氣運，天地有翻覆，繞不開的是地方知識份子的亂世心緒：

"遼東日露正酣戰，西藏又被英兵襲。疆土日削猶懷柔，粉飾承平守中立""何人能有回天力，萬劫消填恨海平""安得醫國手，貧弱轉富強""破碎河山群虎視，幾時真得睹承平""大海防秋急，空城轉餉難⋯瘡痍滿天地，誰為慰饑寒？""苟捐連歉歲，伏莽起兵戎⋯誰有回天力，封章請責躬！"

在《缶廬集》中，我們同樣尋找到這樣的亂世悲鳴："髑髏滿眼大道旁""不然手挽疆弧射天狼，使我倚天長劍生光芒""饑看天圖自題——天地本蘧廬，日月照我顏"。一位藝術大師，又是一個芥末小吏，早年逃難，在吳大澂幕府中閱歷中日之戰的失敗，經歷安東縣令任上辭官風波，接觸社會、體恤民情，正是有沈石友等人幫助，

才使吳昌碩渡過了經濟和心理上的雙重難關。

往古來今，四方上下，謂之宇宙。沈、吳二人的生命軌跡，一靜一動，一個是十年木榻坐欲破，另一個則是一生奔忙走風塵。二人"雖處兩地精神通"，"相依天地內，共保歲寒身"(《沈氏研林》沈石友自序語)。

(二)

與君傾蓋如宿觀

歲寒不改金石姿

硯林廣知的近世藏硯名家徐世昌、沈汝瑾、許修直，身份履歷不同，皆有大硯緣，也都有藏硯譜錄存世。而沈汝瑾之《沈氏硯林》因其中一百二十余方硯銘、題詩是吳昌碩書寫，而且譜中藏硯散落人間，時有現世，更為藏硯家所珍重。

沈石友出身虞山望族，家學淵源，吳昌碩也愛石成癖，早年在吳雲兩罍軒接觸大量秦磚漢瓦，受沈石友影響，也成了硯癖。二人共同的品味格調，沈氏硯林卓爾不群的特殊風貌，透過"宇宙硯"真真切切地存在。這裡面體現了知識份子的價值底線，保持個人獨立精神的立場。

1911年以後，中國人在極度震驚之後，突然對自己的傳統失去了信心，雖然共同生活的地域還在，共同使用的語言還在，但是共同的信仰卻開始被西洋的新知動搖，共同的歷史記憶似乎也在漸漸消失。

在宇宙空間越來越大而中國越來越小，發現自己的"天下"並不是那麼大的時候。心理的顛覆實在太大。"天演之學，將為言治者不祧之宗"，這句話仿佛成了二十世紀中國思想史的讖言。(葛兆光《中國思想史》)

晚清以降，現代科學湧入中國，與宇宙秩序有著密切關係的王權政治被推翻。宇宙圖景變了，以宇宙秩序(天道)建立的傳統中國的世俗秩序(人道)也變了。身國同構，從帝制到共和，這是"天崩地裂"式的，是整體性的祛魅。

沈氏自述："身丁國變，性耽詩，有研癖，謂詩可言志，研以比德也，齒益邁，嗜亦篤。"吳昌碩亦言其"晚遂舉其悲憤之心托於閒適之致，乃至風月之吟弄，樵漁之歌唱，而其中若有甚不得已者。"

這某種意義上看，這便是《沈氏硯林》"宋端溪石唐澄泥，洮河色綠龍尾碧"，十載搜羅的格調所在！

高鳳翰《硯史》曾仿《史記》的體例作傳，"硯"作

為象徵性的"田"，在最一般意義上，講的是耕讀傳家。《沈氏硯林》是在沈石友歿後六年，其子沈若懷編拓而成。這批硯臺在二十世紀20年代，由沈若懷通過錢瘦鐵和唐吉生介紹，賣給日本近代畫家橋本關雪，戰後在東京賣出，散藏於日本及世界各地，部分回流到國內。井上研山有專文《沈氏研林的歸趨》(鄒濤譯)，講述原委。

沈氏"鳴堅白齋"典出《莊子》"天選子之形，子以堅白鳴"。指向戰國時期惠施、公孫龍的"堅白"之辯。眼睛能看到石頭的白，能不能看到石頭之堅呢？堅白之論足不足以明道呢？知其不應"以堅白鳴"而以"鳴堅白"為齋號，這背後的無奈，缶老當是知音。

吳昌碩上溯夏、商、周三代，考釋金文、大篆、隸書的風格演變。筆如椽，力扛鼎，上古神奧，奔赴腕底，直接三代鐘彝銘文，令人相信倉頡四目，窺見了宇宙的神奇，獲得自然界最神妙的形式的秘密(宗白華)。

可以想像，墨錠周而復始地轉磨，清水研至濃稠，猶如混沌初開。筆尖輕觸楮素，一點濃墨暈散，仿似陰陽乍分。轉圜成混沌，落筆分陰陽，方寸器物帶來的鴻蒙境界，使我們從俗情雜念的團團圍圍中透脫出來，從外物和生命的限度中透脫出來，這便是所謂形而上之"道"。

如今，我們試著以思想史的方式，介入器物類的收藏，歷史遺存，又預示了我們正身處怎樣的時代？

上不千筆色
羅掌家食家
邐然授我遐想
乙卯十月
秀館
老奢書

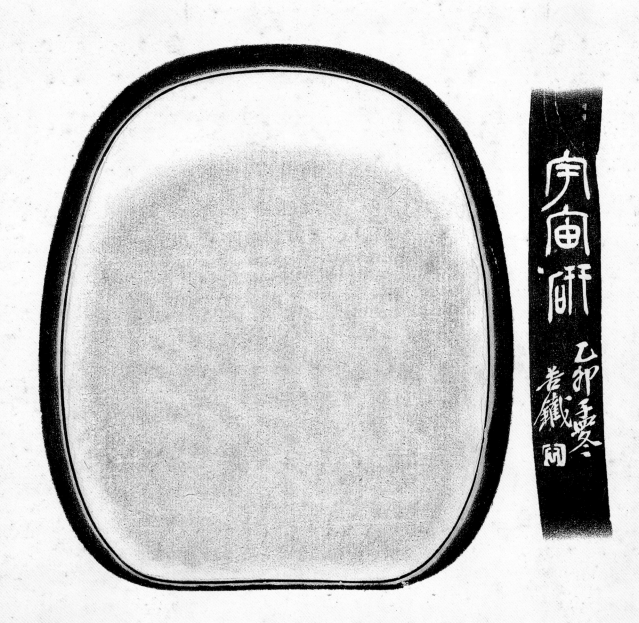

宇宙研

乙卯孟冬
若鐵記

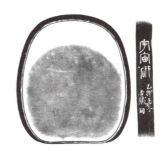

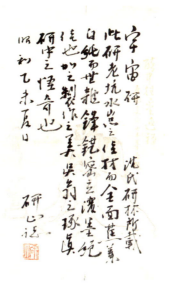

1030

吴昌硕铭，沈石友藏宇宙砚

铭文：1. 宇宙研。乙卯孟冬，苦铁。印文：缶

2. 上下千年，包罗万象。含豪邈然，发我遐想。乙卯十月，石友铭，老缶书。

出版：《沈氏砚林》P196-197，民国时期出版。

说明：配红木砚盒。

附井上研山题字：宇宙研。沈氏研林所载。此砚老坑水晶之佳材，而全面蕉叶白，纯而无疵，锋铓密立，发墨绝佳
也。加之制作之美，吴翁之琢，真研中之怪奇也。昭和乙未夏日。研山誌。钤印：研山

A FINE INKSTONE INSCRIBED BY WU CHANGSHUO AND COLLECTED BY SHEN
SHIYOU

Illustrated: *Shen Shi Yan Lin*, pp. 196-197, Republic of China

15.2×13.7×2.2cm

RMB: 1,800,000－2,800,000

铭者简介：吴昌硕（1844～1927），原名俊，后改俊卿，字昌硕，又字仓石，号缶庐、缶道人、苦铁，又署破荷、
大聋等，浙江安吉人。诗、书、画、印皆精，为一代艺术大师，近代六十名家之一。西泠印社首任社长。

藏家简介：沈石友（1848～1923）名汝瑾，字公周，号石友，别署钝居士，室名明月楼，月玲珑馆、师米斋、鸣坚白斋。
江苏常州人，诸生，工诗词，藏砚颇多，亦精刻砚，有《沈氏砚林》传世，与吴昌硕、蒲华过往甚密。

清 · 沈石友銘、沈煦孫藏竹節端硯

銘文：懷真抱樸，天降之祿，文士虛心應似竹。成伯屬，石友銘。印文：沈
鑒藏印：師米齋

說明：硯體圓雕成竹節形，呈半剖狀，正面淺開硯堂，開圓形硯池，背雕如
竹節，內淺雕鹿紋。此硯質地堅密細潤，下發墨極佳。氣息典雅，為
不可多得之書文房佳品。配紅木硯盒。

QING DYNASTY   A BAMBOO-JOINT-SHAPED DUAN
INKSTONE INSCRIBED BY SHEN SHIYOU AND
COLLECTED BY SHEN XUSUN

19.7 × 13.3 × 4.1cm

RMB: 200,000－300,000

銘者簡介：沈石友（1848～1923）名汝瑾，字公周，號石友，別署鈍居士，
室名明月樓，月玲瓏館、師米齋、鳴堅白齋。江蘇常州人，諸生，
工詩詞，藏硯頗多，亦精刻硯，有《沈氏硯林》傳世，與吳昌碩、
蒲華過往甚密。

藏家簡介：沈煦孙（1868～1942），字成伯，一字师米，号虞山聋隐、褒葛遗民，
晚号师米老人，常熟人。民国著名收藏家。闭户著书，蓄金石、书画、
碑帖甚丰，编着有《师米斋集古印存》等。

1032

清·施在鈺、華吟梅銘卷草紋長方端硯

銘文：1. 坑仔巖石。百壽研齋藏。
　　　2. 光緒十三年二月得於端州道署。礪卿。印文：二如
　　　3. 只可自怡，不堪持贈。唅梅題。
　　　4. 春陽樂子琴刊。

硯盒銘文：光明一片。以此鑑心，為我端友。時光緒丁亥二月，礪卿自銘。
　　　　　印文：二如珍藏

說明：硯作長方形，形制規整，淺開硯堂，線條挺拔流暢，石色紅紫，
　　　有翡翠斑及天青等石品，石質細潤純淨，下墨極佳。配施在鈺銘
　　　紅木硯盒。

QING DYNASTY　A RECTANGULAR DUAN INKSTONE
WITH GRASS PATTERN INSCRIBED BY SHI ZAIYU AND
HUA YINMEI

17.7 × 12.3 × 2.1cm

RMB: 80,000－120,000

銘者簡介：1. 施在鈺（1835～？），字二如，號礪卿，咸豐九年秀才，光
　　　　　緒元年代理綏寧知縣。光緒五年作為道員分配到廣東，受
　　　　　到李鴻章、彭玉麟、張之洞賞識。精通金石，收藏秦傳漢瓦，
　　　　　輯《硯譜》三冊。擅書法。著有《海防節要》。
　　　　2. 華吟梅（1891～1912），女，名兆英，又名震雄，松隱鄉後
　　　　　商人。清光緒三十一年（1905年），入上海天足學校。曾作《勸
　　　　　止纏足論》。並于後商建立天足分會。致力於社會公益事業，
　　　　　熱情贊助地方創辦孤貧兒院，並極力主張提高女權應從普
　　　　　及教育入手。

坑出伊石
伊石
百壽
厩研
盒

只可自怡采堤持贈
陸梅題

光緒十三年二月得於端州道署厓卿

春場樂子琹刊

截取箕葉片規
坐陶泓面綠窗曉
夢醒滴露重秋窗
庚午七夕小陶主人
贈補生研屬笛道人
勒銘

1033

清·計芬銘隨形蕉葉端硯

銘文：截取蕉葉片，規作陶泓面。綠窗曉夢醒，滴露畫秋扇。
庚午七夕，小隅主人贈補生研屬竹道人勒銘。

硯蓋銘文：廉圍寄梧便用之硯。癸未春試得于京師，以計小
隅名家題贈友人精品，故樂為之志。印文：潘氏
永寶 寄梧

說明：硯隨形近三角形，淺開硯堂，上部雕蕉葉紋，翻捲入
硯池，背面光素，雕工簡練。石色紅紫，色如豬肝，
純淨無瑕，細膩而內含鋒芒，下發墨極佳，為藏用俱
佳之文房雅具。配紅木天地蓋。

QING DYNASTY A PLANTAIN-LEAF-SHAPED
DUAN INKSTONE INSCRIBED BY JI FEN

12 × 10.3 × 1.6 cm
RMB: 180,000－250,000

銘者簡介：計芬（1783～1846），初名煒，字小隅，號擔石，
浙江嘉興人。性嗜古，善鑒別。山水、人物、佛
像皆能離絕町畦，別出古韻，要其平生自在花鳥，
世亦以此推之。藏硯不下三百方，以蓮葉硯為最貴。

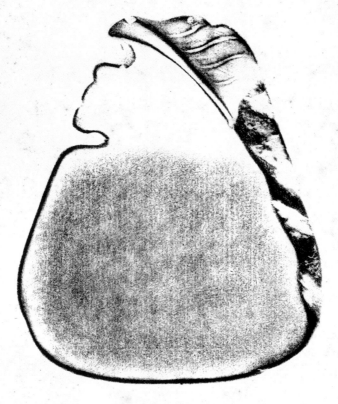

截取蕉葉作硯規
華陶澄面綠窗曉
夢醒滴露亜秋宿
庚午七夕小隅上人
贈補生硯屬竹道人
勒銘

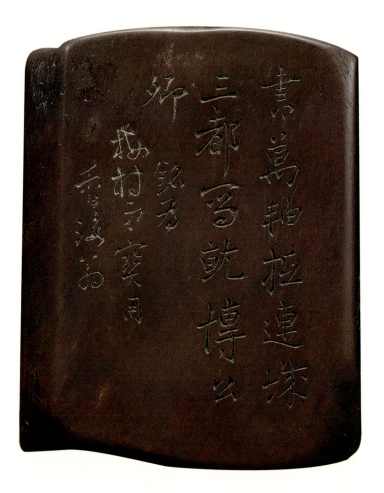

1034

明·李流芳銘吳偉業藏書卷形端硯

銘文：書萬軸，抵連城，三都寫就博公卿。銘為梅村弟寶用。
香海翁。

說明：硯為端溪佳石所製，大不盈握，小巧雅緻，雕作書卷式，
淺開硯堂，留窄邊，通身素雅無紋飾，石色紅紫，細膩潤澤，
有蕉葉白及火捺等石品，下發墨極佳。配紫檀木硯盒。

**MING DYNASTY A BOOK-SHAPED DUAN
INKSTONE INSCRIBED BY LI LIUFANG AND
COLLECTED BY WU WEIYE**

8.8×7×0.8cm

RMB: 35,000－50,000

銘者簡介：李流芳（1575～1629），字長蘅，一字茂宰，號檀
園、香海、泡庵，晚號慎娛居士。僑居嘉定。萬曆
三十四年舉孝廉，為人耿直，詩風清新自然，文品
為士林翹楚。與婁堅、唐時升、程嘉燧等合稱"嘉
定四先生"，工山水。好吳鎮、黃公望，出入宋元，
有分雲裂石之勢。亦工書法，篆刻與何震齊名，與
王時敏、張學曾等合稱"畫中九友"。

藏者簡介：吳偉業（1609～1671），字駿公，號梅村、大雲居
士，江蘇太倉人。明崇禎四年進士，複社成員，詩
人、書畫家。與董其昌、李流芳、楊文驄、程嘉燧、
張學曾、卜文瑜、邵彌、王時敏、王鑒友善，稱"畫
中九友"。

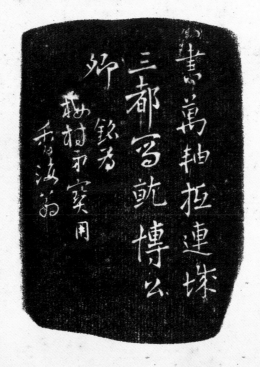

藏書萬軸抵連珠
三都寫就博公
卿

銘名

森村氏藏用

秀香汝窑

1035

清·黃以周銘眉紋歙硯

銘文：君家歙溪邊，自采歙溪石。刓磨清泉根，刳斲紫虬脊。羅紋洗瑩致，蛾眉隱纖直。叩聲清而長，觸手生汗液。錄知非子歙硯詩。黃元同。印文：以周

說明：硯為歙石，長方，窄邊起陽線，開長方一字池，亦圍以陽線，雕工精整。石色青灰，質地堅實而細潤，叩如金聲。硯堂處有眉紋數條。配紅木硯盒。

QING DYNASTY A SHE INKSTONE INSCRIBED BY HUANG YUANTONG

17.4×11.1×2.7cm

RMB: 60,000－80,000

銘者簡介：黃以周（1828～1899），字元同，號儆季，又號哉生，定海廳紫微鄉（今屬舟山市定海區）人。黃式三子。幼承父教，以"傳經明道"為己任。清同治九年（1870）舉人，初任浙江分水縣（今桐廬）訓導。光緒十四年（1888）賜內閣中書銜，十六年升教授。撰《禮書通故》100卷，著有《子思子輯解》7卷、《軍禮司馬法》2卷、《經訓比義》3卷及《儆季雜著》等。

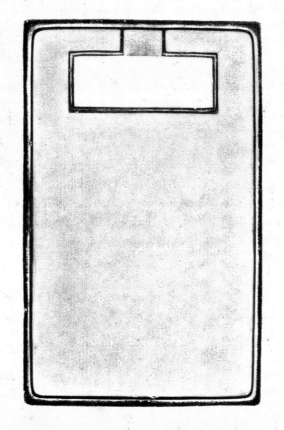

君家歙溪邊自采歙溪石
刲磨清泉根剞斸劂瓦脊
羅紋洗瑩致蛾眉隱纖直
吓聲清而長觸手生汗液
錄知非子銘硯池 黄元同

明·邢侗 湯貼汾銘隨形端硯

1036

張鈞衡藏，明·邢侗、湯貽汾銘隨形端硯

銘文：天然隱，水可汲。墨龍神，氣可吸。雲騰空兮似墨，雨沛下兮足黑，恨介石兮別作治安策。邢侗銘。

硯盒銘文：琴隱園書畫研。

說明：1. 張鈞衡舊藏。

2. 硯隨形而製，粗放豪邁，線條似雲水流淌，頗為自然愜意。此硯質地細膩，火捺蓋過近一半硯堂，並伴有青花、魚腦碎凍等珍貴石品，極為難得。硯背有邢侗銘文，正敧錯落，映帶有致，運筆疾速，如風行雲走，一氣呵成。配紅木硯盒。

MING DYNASTY A DUAN INKSTONE INSCRIBED BY XING TONG AND TANG YIFEN

Provenance: Previously collected by Zhang Junheng.

18 × 16 × 2.4cm

RMB: 150,000－200,000

銘者簡介：1. 邢侗（1551～1612），字子願，號來禽生，山東臨邑人。萬曆二年進士，官至行太僕寺少卿。能詩文，工書，與董其昌、米萬鐘、張瑞圖齊名，稱"邢、張、米、董"，為明末著名書法家之一。

2. 湯貽汾（1778～1853），字若儀，號雨生、琴隱道人、龍山琴隱，江蘇常州人。天文、地理、百家之學，無不精研，書、畫、詩、文並臻絕品。與奚岡、戴熙齊名。著有《琴隱園集》。

藏家簡介：張鈞衡（1871～1927），字石銘，號適園主人，室名擇是居、燕喜盦、松塵軒、九松精舍、懿德堂等，浙江湖州南潯人。清光緒二十年舉人，授兵部車駕司郎中。酷愛收藏古籍、金石碑刻和玩賞奇石、名硯。築適園，藏書十余萬卷。為南潯清末民初四大藏書家之一。

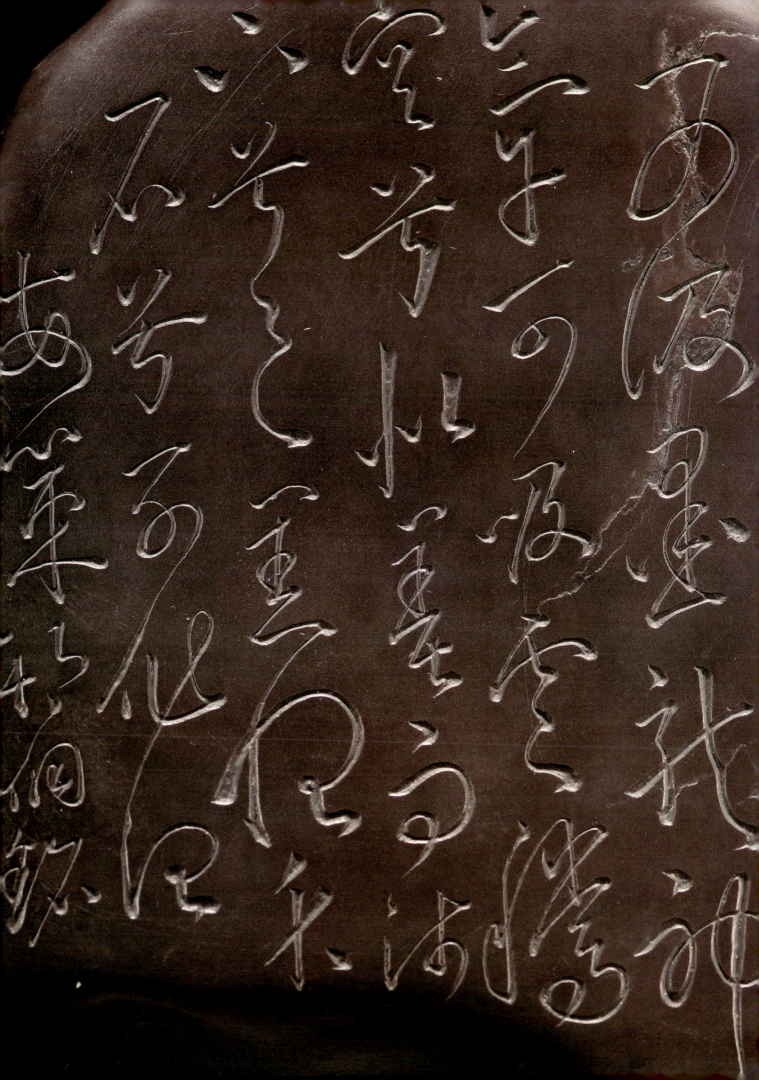

1037

清・彭鹏、郭尚先藏如意池澄泥硯

銘文：蘭石真賞

鑒藏印：1. 西藏神品　2. 無山家藏

說明：硯為澄泥石所制，長方形，淺開硯堂，留窄邊，開如意池，線條挺拔，質地堅潤，包漿厚重，具有明式風格，古樸大氣，簡潔素雅。此硯為莆田籍彭鹏之物，後歸郭尚先所有。配紫檀木嵌癭木硯盒。

QING DYNASTY A RECTANGULAR CHENGNI INKSTONE COLLECTED BY PENG PENG AND GUO SHANGXIAN

18.2 × 11.3 × 2.7cm

RMB: 50,000－70,000

藏家簡介：1. 彭鹏（1637～1704），字斯奮，號無山，一號古愚，福建莆田人。順治十七年舉人。官至廣東巡撫，清苦刻厲。著有《古愚心言》八卷，《四庫總目》傳於世。

2. 郭尚先（1785～1832），字元開，號蘭石，福建莆田人。嘉慶十四年進士，歷任鄉試考官、國史館纂修、文淵閣校理、四川學政、左贊善、光祿寺卿、大理寺卿、禮部右侍郎等。工書，善繪畫，山水之外，尤擅蘭石；其篆刻則古樸渾厚，法度精嚴，深入漢人之室。著述亦豐，除《芳堅館印存》二卷行世外，還有《進奉文》、《經筵講義》、《增默庵文集》、《增默庵詩集》、《芳堅館題跋》、《使蜀日記》等。

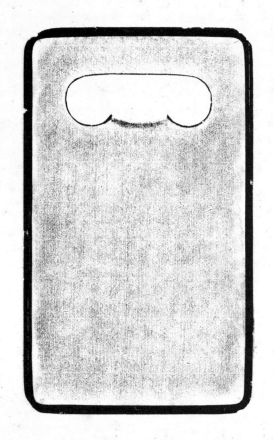

蘭石真賞

1038

清・乾隆御銘仿宋德壽殿犀紋紫砂硯

銘文：仿宋德壽殿犀紋硯。犀其文，鉼其口，製始誰？宋德壽。法伊書，吾何有。論伊人，吾弗取。乾隆戊戌御銘。印文：乾隆

說明：此硯為紫砂質，長方形，瓶形硯堂，瓶口為墨池，造型別緻，美觀與實用兼具。硯背有乾隆帝楷書銘文，當為燒成後所刻。配桐木盒。

QING DYNASTY AN ARCHAISTIC ZISHA INKSTONE INSCRIBED BY EMPEROR QIANLONG

15.8×9.6×1.6cm

RMB: 60,000－80,000

銘者簡介：乾隆帝（1711～1799），名愛新覺羅·弘曆，清高宗，年號乾隆。雍正帝第四子。1735～1795年在位六十年。好學詩文，乾隆三十七年纂修《四庫全書》，並命撰《會典》、《一統志》及各省通志等，文德武功為清代諸帝之最。嗜書畫，縱情翰墨，囊括歷代法書名畫入藏內府，先後命侍臣編纂《石渠寶笈》《秘殿珠林》等。喜在古畫上題詩句，書法趙孟頫，圓潤秀麗，兼擅山水、花卉，偶寫佛像。

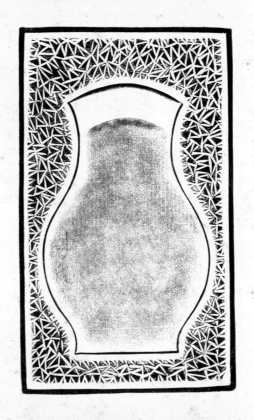

做宋德壽殿犀紋硯

犀其文餅其口製始
誰宋德壽法伊書吾
何有論伊人吾弗取
乾隆戊戌御銘

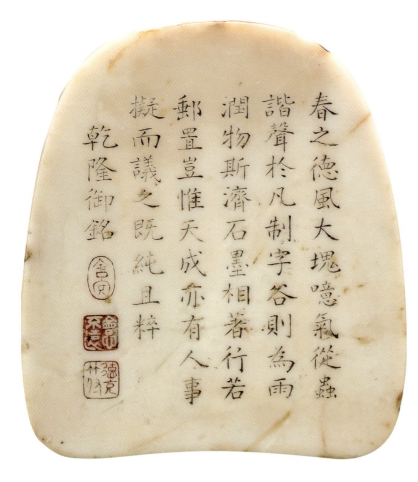

1039

清·乾隆御銘仿宋天成風字白端硯

銘文：仿宋天成風字硯。春之德風，大塊噫氣。從蟲諧聲，於凡製字。谷則為雨，潤物斯濟。石墨相著，行若郵置。豈惟天成，亦有人事。擬而議之，既純且粹。乾隆御銘。印文：含庶 會心不遠 德充符

說明：白端石為端石之一種，產七星岩，歷代開採限制頗嚴，故傳世不多，所制硯多為研朱之用。此硯為白端所製，作風字形，正面微凹為硯堂，開彎月形硯池，色白如玉，質地堅潤。配紅木天地蓋。

QING DYNASTY AN ARCHAISTIC WHITE DUAN INKSTONE WITH IMPERIAL INSCRIPTION

11.2 × 10.2 × 2.4cm

RMB: 50,000－70,000

銘者簡介：乾隆帝（1711～1799），名愛新覺羅·弘曆，清高宗，年號乾隆。雍正帝第四子。1735～1795年在位六十年。好學詩文，乾隆三十七年纂修《四庫全書》，並命撰《會典》、《一統志》及各省通志等，文德武功為清代諸帝之最。嗜書畫，縱情翰墨，囊括歷代法書名畫入藏內府，先後命侍臣編纂《石渠寶笈》《秘殿珠林》等。喜在古畫上題詩句，書法趙孟頫，圓潤秀麗，兼擅山水、花卉，偶寫佛像。

仿宋天成風字硯

春之德風大塊噫氣從蟲
諧聲扵凡制字谷則為雨
潤物斯濟石墨相著行若
郵置豈惟天成亦有人事
擬而議之既純且粹
乾隆御銘

1040

清·椭圆形紫砂砚

说明：以紫砂制砚，历代所见不多。此砚为紫砂所制，椭圆形，仿宋海天初月砚式，
　　　形制规整，质地坚润，为紫砂砚中佳品。配红木雕夔龙纹砚盒。

QING DYNASTY AN OVAL ZISHA INKSTONE

14.4×9.4×2.4cm

RMB: 50,000－70,000

1041

清·風字形紫砂硯

說明：據故宮博物院相關數據介紹，此類紫砂硯，
　　　多為宮廷使用之物，乃是在紫砂中摻入一
　　　定比例澄泥製成，便於研磨，易發墨，為
　　　皇室所喜。此硯為紫砂所製，仿宋天成風
　　　字硯式，形制規整，硯質細膩，製作精良。
　　　配紅木嵌玉硯盒。

QING DYNASTY A ZISHA INKSTONE

11.5×10.8×1.9cm

RMB: 90,000－120,000

1042

清乾隆·御銘卷草紋淌池松花石硯

銘文：乾隆年製。

說明：松花石因產於松花江之源而得名。松花石又名松花玉，宜於制硯。《硯林脞錄》載其硯："溫潤如雨，紺綠無瑕，質堅而細，色嫩而純，滑不拒墨，澀不滯筆，硯之神妙甚備。"康熙皇帝封其為"御硯"。此硯作長方，開淌池，硯崗處浮雕作古玉紋，四邊浮雕卷草紋，秀雅大氣，背淺琢覆手，內落"乾隆年製"篆書款。配紅木硯盒。

QING DYNASTY A SONGHUA INKSTONE WITH GRASS PATTERN AND 'QIANLONG' MARK

11.7 × 6.7 × 1.7cm

RMB: 80,000－120,000

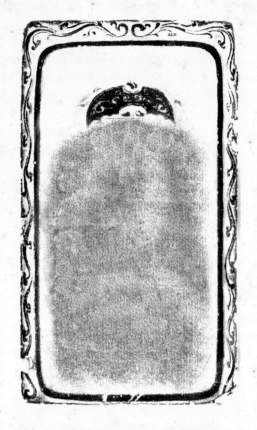

1043

清·夔龍紋橋頭石硯

說明：此硯為橋頭石所制，長方形，浮雕夔龍紋，環成一字硯池，刻畫精致，正面色綠，背面色黃，一石雙色，整体雍容大方，配紫檀木天地蓋。

QING DYNASTY A QIAOTOU INKSTONE WITH DRAGON PATTERN

15.5 × 9.1 × 2.9cm

RMB: 30,000－50,000

1044

清・石渠銘長方端硯

銘文：厚德載物，含章可貞。而暢於四支，發於事業，君子攸行。石渠。

說明：硯為端溪佳石所製，長方，平池，邊起雙陽線，開一字池，簡潔
　　　大方。硯背淺開覆手，有楷書銘文數行。下端陽刻坤卦。石色青紫，
　　　硯堂有大片蕉葉白，環以火捺，純淨柔嫩，為端石中上品。配紅
　　　木硯盒。

QING DYNASTY A RECTANGULAR DUAN INKSTONE
INSCRIBED BY SHI QU

13.3 × 9.6 × 2.1cm

RMB: 30,000－40,000

明 · 黃汝亨銘荷葉隨形端硯

銘文：端石之嘉，戛墨有聲。如螺跋沙，斯乃然耶。翩翩公子，夢筆生花。萬曆甲寅，武林黃汝亨。

說明：硯以端石隨形作荷葉形，飽滿圓潤，荷葉翻卷成硯池，硯端雕葉脈及菜梗，造型生動，立意清雅。石色紫，質地細膩潤澤，下發墨流利。配桐木盒。

MING DYNASTY A LOTUS-LEAF-SHAPED DUAN INKSTONE INSCRIBED BY HUANG RUXIANG

23.6 × 15 × 2.2cm

RMB: 60,000－80,000

銘者簡介：黃汝亨［明］，字貞父，仁和（今浙江杭縣）人。萬曆進士。曾任進賢知縣，江西布政司參議等職，後歸隱杭州西湖小蓬萊。著有《寓林集》《天目記遊》。

明 · 黃汝亨銘荷葉隨形端硯

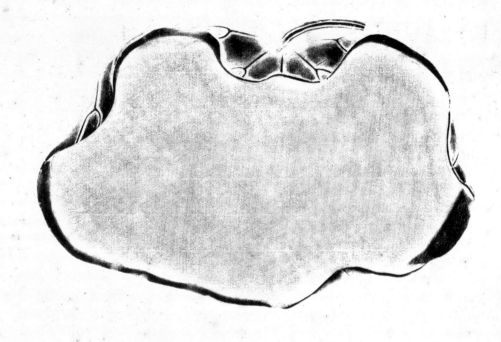

端石之嘉有青墨者奇如蟬跂沙斯以生耶硯之以子夢筆生花萬曆甲寅武林黄汝亨

1046

清·廣玉、周紹龍款龍紋鐘形池長方端硯

銘文：1. 商龍紋鐘。

2. 竊口鏗鞞耶，嚕呸耶，吾取其形不自聽。桂亭廣玉識。印文：廣玉 桂亭

3. 合金石，播元音，移東序於文房之陰。無聲之聲，式玉式金，而雅韻葉乎靈庭。康熙庚子四月，紹龍題。

QING DYNASTY A RECTANGULAR DUAN INKSTONE WITH DRAGON PATTERN AND 'GUANG YU' AND 'ZHOU SHAO LONG' MARKS

14.4×12.8×4cm

RMB: 30,000－50,000

1047

清·埜吾氏銘五福端硯

銘文：羚羊之石，山腹蘊藏。剖而出之，追琢其章。與管城子，登翰墨場。剛
柔相濟，其用乃彰。光緒辛丑暮春，天南吏隱埜吾氏銘。

說明：端溪佳石，質細膩易下墨，色蒼青。有火捺、天青、青花等石品。平直方正，
刻工精細，淺開硯堂，淺刻五福祥雲紋，五福：一曰壽，二曰富，三曰康寧，
四曰攸好德，五曰考終命。此硯寓意福壽安康，吉祥如意。配紅木硯盒。

QING DYNASTY A DUAN INKSTONE WITH AUSPICIOUS
PATTERN INSCRIBED BY YEWU

18.1 × 12 × 2.7cm

RMB: 25,000－35,000

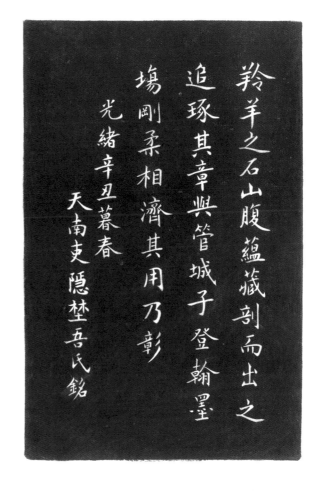

1048

清‧文嘉、王士禎銘鳳紋隨形端硯

銘文：1. 承家翰墨，報國文章。振鳳毛于池上，俾沐浴乎古香。文嘉。
　　　　　　印文：休臣
　　　　2. 採得玄精一掌舒，攜遊五嶽紀居諸。雲屯池上飛鵁鶄，遙望
　　　　　　清光滿太虛。王士禎。印文：阮亭

說明：端溪佳硯，隨形而飽滿，精雕雲鳳紋，鳳翼下垂，環成硯堂，
　　　鳳紋雕工精美細緻，雲紋流動圓渾，秀麗雅致。石色紫，硯堂
　　　處細膩純淨，鋒芒內蘊，為端石中上品。配紅木硯盒。

QING DYNASTY A DUAN INKSTONE WITH PHOENIX PATTERN INSCRIBED BY WEN JIA AND WANG SHIZHEN

17 × 13.1 × 3.1cm
RMB: 80,000－120,000

銘者簡介：1. 文嘉（1501～1583），字休承，號文水，江蘇蘇州人。
　　　　　　文征明次子，官和州學正。善畫山水，能詩善書，精於
　　　　　　鑒別古書畫。
　　　　　2. 王士禎（1634～1711），字子真，一字貽上，號阮亭，
　　　　　　又號漁洋山人，山東新城人。順治十二年己未（1655）
　　　　　　進士，官至刑部尚書，諡文簡。康熙時繼錢謙益而主盟
　　　　　　詩壇。論詩創神韻說。早年詩作清麗澄淡，中年以後轉
　　　　　　為蒼勁。擅長各體，尤工七絕。有《帶經堂集》。

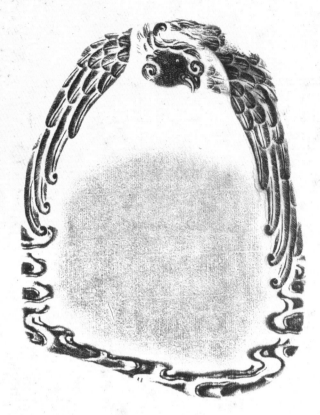

祥家翰墨報國文章
振鳳屯經世至儒林
浴乎古雷　文嘉題
採得玄精一掌舒攜
遊五岳紀居諸雲屯
池上飛鴻鶼遙望清
光滿太虛　王士禎
頓亮

1049

清·張朝墉銘清白傳家長方端硯

銘文：玉乳香吐，石凹暈古。崔世達乞銘上息園先生。八十有一叟
　　　張朝墉。印文：白翔

說明：端溪上品，硯作長方平板式，色青紫，正面上端精雕蘿蔔一枚，
　　　凹成硯池，淺雕大葉，雕工典雅清麗，葉青而蘿蔔體白，有
　　　清白傳家之意。石質細膩純潔，呵氣生雲，觸手成霧，具火捺、
　　　青花等石品。配張朝墉銘紅木硯盒。

QING DYNASTY A RECTANGULAR DUAN INKSTONE
WITH FRUIT PATTERN INSCRIBED BY ZHANG
CHAOYONG

16.4×12×2.8cm

RMB: 30,000－40,000

銘者簡介：張朝墉 (1860～1942)，字北墙、白翔，号半园，以蓄长须，
　　　　　又被称为张鬚。四川奉节人（今属重庆市）。近代著名书
　　　　　法家、诗人。

1050

清·張重樞銘隨形紫雲端硯

銘文：紫雲。同治丙寅春月為肅階仁兄大人鐫。陶素。印文：
　　陶素

鑒藏印：肅階氏珍藏

說明：端溪石，隨形制，近長方。正面開淌池，邊緣微起陽線，
　　硯堂平整；質地細潔瀏潤，觸之如嬰兒肌膚般滑嫩，有
　　天青、青花等石品。配紅木硯盒。

QING DYNASTY A DUAN INKSTONE INSCRIBED
BY ZHANG ZHONGSHU

9.8 × 8.4 × 1.3cm

RMB:20,000－30,000

銘者簡介：張重樞［清］，字陶素，諸生，著有《冰雪集詩》。

1051

明·冒襄銘橢圓端硯

銘文：1. 玉髓口精，天根月窟。印文：湘中閣
　　　2. 絞齋用研。

說明：硯作橢圓形，規整大氣，開淌池，闊邊起弦紋。石色灰紫，硯堂處為透底蕉葉白，並有胭脂暈火捺，質地細潔柔嫩，下發墨極佳。配紫檀木天地蓋。

QING DYNASTY　AN OVAL DUAN INKSTONE
INSCRIBED BY XIANGZHONGGE STUDIO

16.8 × 12.7 × 2.9cm
RMB: 30,000－50,000

銘者簡介：冒襄（1611～1693），字辟疆，號巢民。如皋人。明末四公子之一。著名文學家、書法家。明崇禎十五年副貢，入清不仕。順治三年，建水繪園，園中構妙隱香亭、壹默齋、波煙亭、湘中閣、鏡閣、碧落廬等十餘處佳境，讀書酬唱以終。

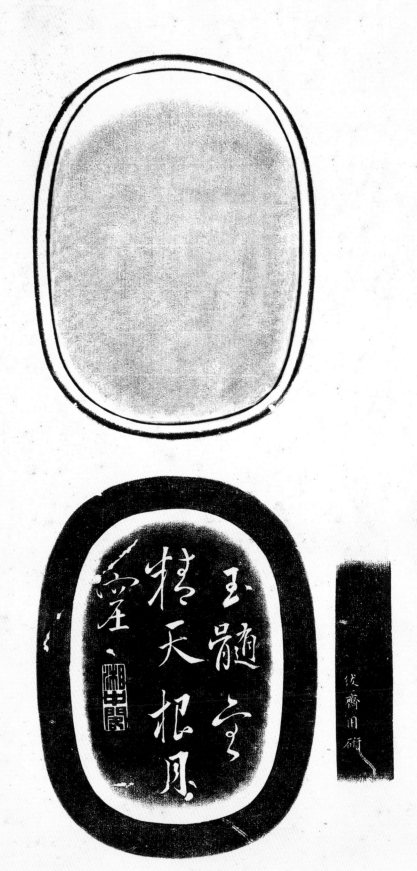

玉髓含精天根月窟

伐齋田研

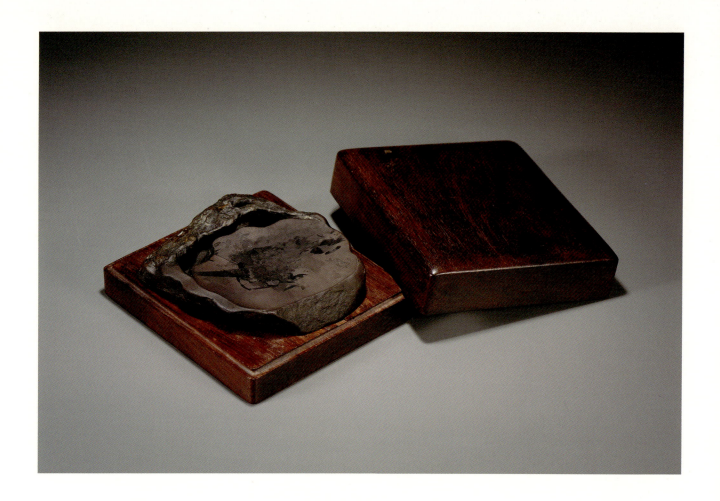

1052

明·李元壽銘隨形仔石端硯

銘文：端溪一石，文藪良田。慎毋荒蕪，助爾寶傳。
　　　鹿野銘。

說明：硯隨形，為端溪子石所作，略加雕琢，成山石形，
　　　古樸自然，包漿厚重，石色紅紫，質地堅實細潤，
　　　鋒芒內蘊，下發墨極佳。配紅木硯盒。

**MING DYNASTY　A DUAN INKSTONE
INSCRIBED BY LI YUANSHOU**

15.2×13.9×4.1cm

RMB: 30,000－50,000

銘者簡介：李元壽［明］，字仁山，號鹿野翁，江蘇昆
　　　　　山人。少工書。嘗書諸經四書小本，楷法
　　　　　精善。為縉紳所重，碑石多其所書。作有《震
　　　　　川集》。

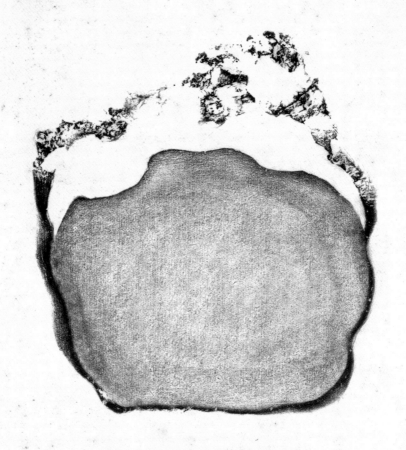

瑞溪一石艾
藪良田懷母
荒蕪豈勸爾
寶傳
鹿野銘

1053

清·汪士元藏海天旭日隨形端硯

款識：宗岐。

鑒藏印：麓雲樓藏

說明：硯隨形，隨形雕雲水紋，雕工精雅圓渾，水浪中
旭日湧出為硯堂，硯背隨形細雕海水紋。石色青
紫，質地細潤純淨，撫之如小兒肌膚，為端石中
上品。配紅木滿工雕雲紋硯盒。

**QING DYNASTY A DUAN INKSTONE WITH
SUN AND RIPPLE PATTERNS COLLECTED
BY WANG SHIYUAN**

23.7 × 21.2 × 5.7cm

RMB: 250,000－350,000

銘者簡介：汪士元（1877～1935），江蘇盱眙人。原名
汪祐孫，字向叔，齋號麓雲樓，又號玉帶硯
齋、清淨瑜迦館。近代著名收藏家、書畫家、
政治家。著有《麓雲樓書畫記略》。

1054

明·彭維江製，裴過書，龔挺霄銘，戴興賢刻高眼腰圓端硯

銘文：1. 藏巧於拙，與世弗妍。泯圭於圓，匪刓則然。鈍可增壽，靜而有恆。弗佻弗渝，靡震靡泐。
範我朝夕，劼而戰色。勒銘告世，眎為學則。八閩遷客清江寒泉龔挺霄銘，七溪裴過書，
嘉靖戊申孟秋望日。
2. □□子彭維江製，古淦戴興賢刻。

說明：硯為端石製，作腰圓形，渾厚古樸。深開腰圓形硯池，線條圓渾，硯額處有高眼一顆。
硯背深開覆手，內有龔挺霄楷書銘文數行，書法古拙端莊。石色紅紫，質地堅實細膩，
為古硯中佳品。

**MING DYNASTY A DUAN INKSTONE MADE BY PENG WEIJIANG,
HANDWRITTEN BY PEI GUO AND INSCRIBED BY GONG TINGXIAO**

19.7×10×4.4cm

RMB: 80,000－120,000

銘者簡介：龔挺霄［明］，字夢之，號寒泉。明代清江縣（今樟樹市）人。嘉靖四年 (1525) 舉
人。官永康、羅源知縣。以營夢陶淵明，因號"夢陶子"。所著有《夢陶集》。卒年
五十八。

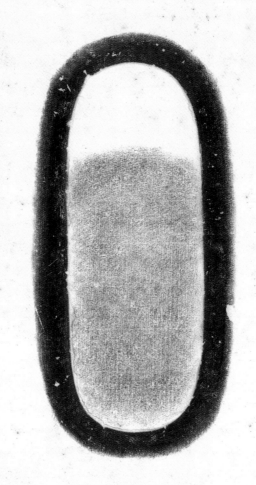

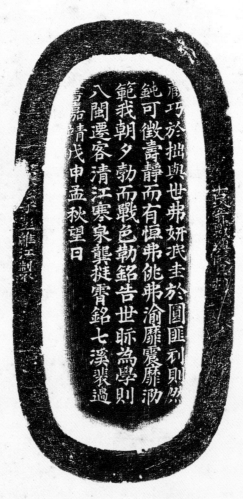

庸巧於拙與世弗妍武圭於圓匪利則然
鈍可徵壽靜而有懼弗佻弗渝靡震靡泐
範我朝夕勒而戰色勒銘告世睎為學則
八閩遷客清江寒泉龔挺霄銘七溪裝過
壽嘉靖戊申孟秋望日

1055

清·王澍銘隨形端硯

銘文：寶我石田。良常老人澍製。印文：澍 若林

說明：硯为端溪佳石所製，尺寸碩大，隨形开平堂，硯堂有碩大石
眼一顆，石色灰紫，纯净无瑕。宋高宗有语云："瑞璞出下岩，
色紫如猪肝，密理坚致，潴水发墨，呵之即泽，研试则如磨
玉而无声，此上品也。中下品则皆砂壤相杂，不惟肌理既粗，
复燥而色赤。……，故所藏皆一段紫玉，略无点缀。"此硯石
质之纯，可谓一段紫玉。配舊桐木盒。

QING DYNASTY A DUAN INKSTONE INSCRIBED BY WANG SHU

43.5×33×6.3cm

RMB: 120,000－180,000

銘者簡介：王澍（1668～1743），字若林，號虚舟，亦自署二泉寓居、
恭壽老人，良常山館主人，別號竹雲，江蘇金壇人。康
熙五十年進士。精鑒古，尤工書法，法歐陽詢，亦工篆書，
稱一時好手。著有《古今法帖考》《淳化閣法帖考證》等。

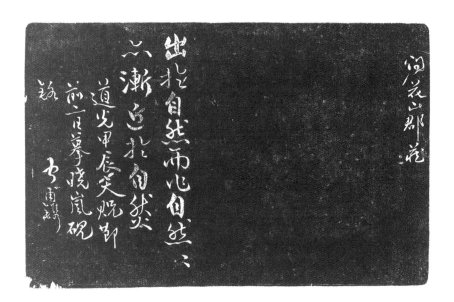

1056

清·聞甫銘摹紀曉嵐銘文長方平板端硯

銘文：出於自然而作自然，然亦漸近於自然。道光甲辰天貺节前二日摹曉嵐硯銘。聞甫鐫。問花山郡藏。

說明：硯为平板式，形制方正，线条挺拔，石色紫中带赤，质地温润细腻，抚之如婴儿之肌，为端
　　　石中佳品，上有摹刻紀曉嵐行書銘文。配紅木硯盒。

QING DYNASTY A RECTANGULAR DUAN INKSTONE INSCRIBED BY WEN FU

21 × 13.3 × 3.8cm

RMB: 20,000－30,000

1057

清·孫坤銘鐘形池長方端硯

銘文：大叩大鳴，小叩小鳴。伊石匪金，用宣心聲。孫坤。

說明：硯作長方形，規整大氣，正面浮雕夔龍紋鐘，鐘首仿古玉雙龍首璜，
雕工精雅，線條凝練。硯背光素無紋飾。石色紫，細膩柔嫩，純淨無
瑕，叩如木聲，呵氣成暈，為端石中上品。

QING DYNASTY A RECTANGULAR DUAN INKSTONE
INSCRIBED BY SUN KUN

22.7 × 15.3 × 4.3cm

RMB: 15,000 — 25,000

銘者簡介：孫坤［清］，原名之堃，字奮夫，號漱生，一作漱庵，新陽（今
江蘇昆山）人。工鐵筆，善制硯，濡染家學。既長從陸即仙游，
兼習山水、花鳥，各有古法。其山水盜潤蒼秀，人物似陳洪綬，
間作嬰孩尤妙絕。晚年仿羅聘寫梅，繁枝密茁，鏡有瘦冷之致。

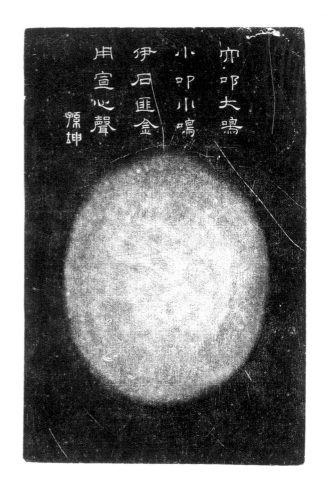

1058

清・黎蒲生銘瓜形端硯

銘文：形如瓜瓞而不華，得其半書窗作伴。青蘿居士識。

說明：配紫檀硯盒。

QING DYNASTY A MELON-SHAPED DUAN INKSTONE
INSCRIBED BY LI PUSHENG

10.2×6.9×2.4cm

RMB: 20,000－30,000

銘者簡介：黎蒲生［清］，號青蘿居士，廣東番禺沙灣人，師從壁畫高手，
　　　　　內廷供奉黎文源。

1059

清·仲醇銘眉紋長方歙硯

銘文：動靜互根，變化無窮。印文：仲醇

說明：倪長方形，方正典雅，開圓形深池，規整大氣。石色青灰，質堅而細潤，
　　　金聲玉德，洵為佳品。配木天地蓋。

QING DYNASTY   A RECTANGULAR SHE INKSTONE
INSCRIBED BY ZHONG CHUN

18 × 11.7 × 3cm

RMB: 25,000—35,000

1060

清·張之萬銘瓜形綠端硯

銘文：東陵之瓜布硯田，子種孫耕䎉綿綿。己巳
　　　春子青銘。

說明：綠端為端硯名坑之一，北宋時開採。上等
　　　綠端硯石，色澤、石質純淨，一片青綠，
　　　晶瑩無瑕，別具一格，紀曉嵐名之曰綠瓊，
　　　有"端石之支，同宗異族，命曰綠瓊，用
　　　媲紫玉"的硯銘。此硯以綠端石雕作瓜形，
　　　色澤青綠，微帶黃色。石質幼嫩潤滑。圓
　　　渾飽滿，小巧可愛，為可玩可賞之佳品。
　　　配張子青銘紅木硯盒。

**QING DYNASTY A MELON-SHAPED
GREEN DUAN INKSTONE INSCRIBED
BY ZHANG ZHIWAN**

8.5×7.8×2.9cm

RMB: 30,000－40,000

銘者簡介：張之萬（1811～1897），字子青，直
　　　　　隸南皮（今屬河北）人。張之洞兄。
　　　　　道光二十七年進士。同治間署河南巡
　　　　　撫，督軍拒撚軍，太平軍各部。移督
　　　　　漕運，助淮軍諸軍截賴文光部。歷江蘇
　　　　　巡撫，浙閩總督。光緒中官至東閣大
　　　　　學士。卒諡文達。

1061

清·盧葵生製圓形漆砂硯

印文：盧葵生製

說明：漆砂硯乃以漆調砂所制，輕便易攜，
　　　為硯中別格。此硯作圓形，端正文雅，
　　　開石渠池，光素無紋飾，更顯文人
　　　雅趣。配嵌多寶花鳥紋漆盒。

QING DYNASTY A CIRCULAR
LACQUER INKSTONE MADE BY
LU KUISHENG

徑 10.5×1.2cm

RMB: 80,000－120,000

作者簡介：盧葵生（？～1850），名棟，字
　　　　　葵生，江蘇楊州人。世代漆工，
　　　　　以漆砂製法名重一時。

1062

清·費旭銘、湯貽芬藏琴隱園填詞硯

銘文：琴隱園填詞研。子莒費旭。

說明：硯為端石製，長方淌池，式樣簡潔，線條挺勁，硯背淺刻高士彈琴，
刻工雅緻。清人吳蘭修曾言，硯以方正為貴，渾樸為佳。此硯
正是方正之品，簡潔明快，石質純而利，為文房之佳品。配紅
木硯盒。

QING DYNASTY A DUAN INKSTONE WITH SCHOLAR
PATTERN INSCRIBED BY FEI XU AND COLLECTED
BY TANG YIFEN

11.7 × 8.8 × 2.5cm

RMB: 50,000－70,000

藏家簡介：湯貽汾（1778～1853），字岩儀、雨生、粥翁，武進（今
江蘇常州）人。凡天文、地理、百家之學，鹹能深造。書、畫、
詩、文並鑄絕品。彈琴、圍奕、擊劍、吹簫諸藝靡不精好，
以祖父難蔭襲雲騎校尉，擢溫州副總兵，因病不赴，退返
金陵。咸豐癸醜太平天國克金陵，闔門殉清廷而死。諡貞湣。
書畫仿董其昌。畫梅極有神韻。

1063

清·牧堂銘海天秋月端硯

銘文：1. 海天秋月。　2. 海天秋月，有圓無缺，
　　　伴我著述。印文：牧堂

說明：硯為橢圓形，形制文靜端莊，開深池，
　　　留闊邊，線條流暢圓潤，彈性十足，
　　　硯背深開覆手。石色青紫，石質細潔
　　　溫潤，純淨無瑕，鋒芒外露，下發墨
　　　極佳。配紅木硯盒。

QING DYNASTY A DUAN
INKSTONE INSCRIBED BY MU
TANG

14.1 × 10.4 × 3.1cm

RMB: 30,000—40,000

1064

清·永和元年晉磚硯

磚文：永和元年。

說明：此硯硯體小巧，古朴厚重，为以
一永和元年残磚改製者。磚體緻
密，紋飾繁複，包漿厚重，斑駁
如古銅器，开淌池，线条質樸，
硯側文曰：永和元年，皆隶书，
方整朴拙。配紅木天地蓋。

QING DYNASTY A BRICK
INKSTONE WITH 'YONG HE
LIU NIAN' MARK

8.9 × 6.2 × 2.8cm

RMB: 8,000－12,000

1065

清·容亭氏銘隨形端硯

銘文：溫潤而澤，縝密以粟。體瑩徹而當珍，質晶融而可貴。容亭氏題。

說明：硯隨形而作，開淌池，邊如荷葉內捲，起陽線攔水。硯背光素
無紋飾，色紅，質地堅實細膩，下發墨極佳。配紅木硯盒。

QING DYNASTY A DUAN INKSTONE INSCRIBED BY
RONG TING

23.3 × 17.8 × 2.5cm

RMB: 20,000－30,000

1066

清·徐允臨銘瓜形端硯

銘文：千古泑源，水滴石穿。允臨。印文：石史

說明：硯為歙石，雕作碩大之瓜形，圓渾飽滿，藤蔓交纏，瓜叶層
　　　迭，雕工精細而不失雅致，瓜蒂雕刻尤為寫實。石呈青灰色，
　　　純淨無瑕，細膩柔嫩，觸手生暈，為歙硯之上品佳石。配紅
　　　木硯盒。

QING DYNASTY A MELON-SHAPED DUAN
INKSTONE INSCRIBED BY XU YUNLIN

17.5 × 14.2 × 3.4cm

RMB: 12,000－20,000

銘者簡介：徐允臨［清］，原名大有，字石史，上海人。渭仁子，
　　　　　亦精鑒古，克承家學。書學蘇軾、董其昌，畫蘭有錢載
　　　　　筆意。光緒三年嘗仿金農鍾馗像。

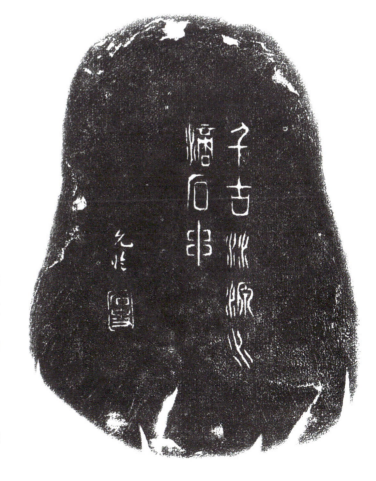

1067

清·高立銘鵝形端硯

銘文：龍飛虎變。丙辰春首於桂苑樓中作與兒
　　　董其永用。高立。印文：栗卿

說明：硯為上品端石隨形所作，石呈紅紫色，
　　　細膩潔淨，鋒芒顯著，潤澤發墨，上有
　　　佳眼一顆，巧借為鵝之目睛，鵝頸回環
　　　圍成硯池，雕工精雅，取勢巧妙。配紅
　　　木硯盒。

QING DYNASTY A GOOSE-SHAPED
DUAN INKSTONE INSCRIBED BY
GAO LI

8.9×6.9×1.2cm

RMB: 20,000－30,000

1068

清·雲龍紋石髓端硯

銘文：石髓。

說明：硯為端石，隨形開淌池，硯額雕雲紋，硯崗處淺
雕夔龍紋，硯背帶黃皮，淺刻湖石紋為裝飾，清
淺文雅。石色紫，包漿厚重，質地細潤，藏用俱佳。
配紅木硯盒。

QING DYNASTY A DUAN INKSTONE WITH
DRAGON AND CLOUD PATTERNS

12 × 12 × 2.2cm

RMB: 20,000－30,000

1069

清·和九銘瓜瓞綿綿隨形端硯

銘文：瓜瓞綿綿，子孫萬年。丙寅七月，和九刻。

說明：硯隨形，雕作瓜形。硯堂作一大瓜，邊起陽線。硯額雕藤蔓瓜葉，並小瓜
　　　數枚，簡練傳神。石色紫中泛青，隱約可見青花點點，並有數條金線蜿蜒
　　　穿過。配紅木硯盒。

QING DYNASTY A MELON-SHAPED DUAN INKSTONE
INSCRIBED BY HE JIU

13.3 × 8 × 1.9cm

RMB: 40,000－60,000

1070

清・王素銘阮元款集漢瓦當文硯

銘文：1. 富貴昌宜侯王。
　　　2. 集漢瓦文。頤性老人識。印文：阮元

硯盒款識：百年和合。王素作。印文：小梅

說明：長方形端石，正面呈門字形，作淌池。石色青黑泛紫，石質溫潤細膩，
　　　形制簡約而大方。硯背覆手內摹刻漢延年益壽瓦當紋，配紅木硯盒，
　　　上有陰刻王素畫並蒂荷花圖。

QING DYNASTY A DUAN INKSTONE WITH TILE
PATTERN AND 'RUAN YUAN' MARK INSCRIBED BY
WANG SU

15.5 × 10.5 × 2.7cm

RMB: 10,000－20,000

銘者簡介：王素（1794～1877），字小梅，號遜之，江蘇揚州人。幼師
　　　　　鮑芥田，工人物、花鳥、走獸、蟲魚，無不入妙，道光年與
　　　　　魏小眠、王應祥齊名，有名一時。為近代六十名家之一。

1071

清·寶研樓藏長方抄手端硯

銘文：墨癡小硯池。

鑒藏印：寶研樓

說明：此端硯雍容大方，素雅有致，正面開長方淌池，
　　　背開拱形抄手，造型簡潔樸實，然線條勁挺有力，
　　　體現了中國高超的線條藝術。配紅木硯盒。

**QING DYNASTY A RECTANGULAR DUAN
INKSTONE COLLECTED BY BAOYANLOU**

15.6×10.3×2.7cm

RMB: 20,000－30,000

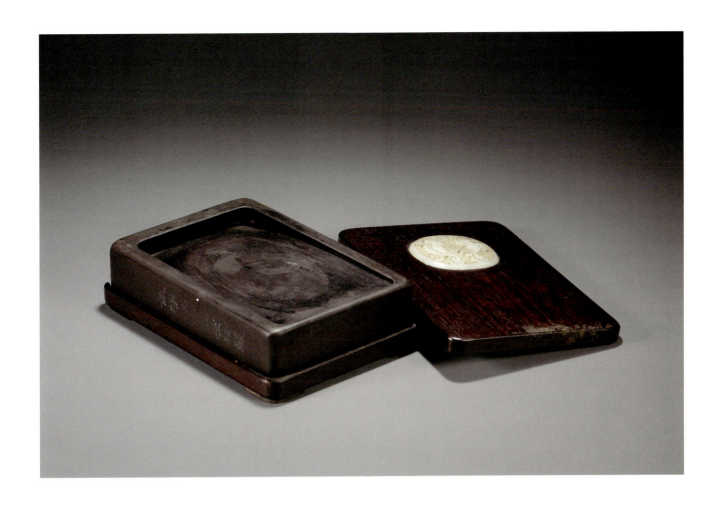

1072

清·徐昆藏長方淌池端硯

銘文：飲醇汲古之廬珍藏。

說明：此硯為端溪佳石所製，形制方正，簡潔清雅，
開淌池，闊邊，線條圓渾。石質細潤，石色青紫，
純淨無瑕，觸手生暈，為文房之佳品。飲醇汲
古之廬，當為徐昆齋號，其《眉園日課》自序
中有"嘉慶四年歲次己未二月花朝，平陽徐昆
后山題於東城飲醇汲古之廬"句。配紅木嵌玉
天地蓋。

QING DYNASTY A RECTANGULAR DUAN
INKSTONE COLLECTED BY XUKUN

20×13.5×3.9cm

RMB: 28,000—35,000

銘者簡介：徐昆［清］，字后山，一字厚山，號柳崖，
又號嶠山。山西臨汾人。乾隆四十六年
(1781) 進士，歷官內閣中書、禮部員外郎。
工詩古文辭，通戲曲。有《柳崖詩鈔》《雨
花臺傳奇》等。

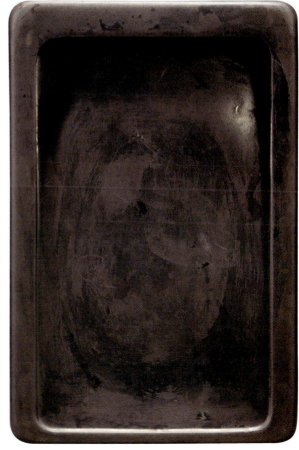

1073

清·隨形仔石端硯

銘文：景圍鐘英，崑山韞精。潛光大用，壽世文明。元和元年製。

說明：此硯以端溪子石隨形而作，圓厚飽滿，石質堅實溫潤，帶金黃
色石皮。石色紫，沉著渾厚。配紅木硯盒。

QING DYNASTY A DUAN INKSTONE

18.5×14×4.9cm

RMB: 40,000－50,000

1074

清·胡玉昆銘隨形仔石端硯

銘文：振彩天池。余前遊於三峰，忽然見之甚妙，是以歸而錄之也。印文：元潤 胡玉昆

說明：以端溪水坑仔石隨形雕琢，因材施藝，硯面磨出平整硯堂，硯池作蟲蛀自然狀，邊緣半雕半璞，斑駁奇趣。硯背光滑平坦。石色青紫，石質溫潤幼嫩，下發墨流利。佳材難得，雕工質樸，堪稱案頭雅物。配紅木硯盒。

QING DYNASTY A DUAN INKSTONE
INSCRIBED BY HU YUKUN

17.2 × 17.5 × 4cm

RMB: 60,000－80,000

銘者簡介：胡玉昆［清］，字元潤，一字褐子，江寧（今南京）人。宗仁臸。宗智子（按墨香居畫识、香祖笔记均作宗仁子）。山水有家法，用笔虚无缥缈，咫尺千里。兼长花卉、兰竹。为胡氏一门之杰，称逸品。

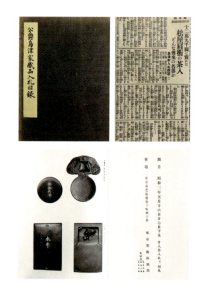

1075

清·水牛端硯

出版：《公爵島津家藏品入札目録》，東京美術俱樂部展覽，1928 年。

說明：硯為端石所製，長方，開門字淌池，硯池內浮雕童子牧牛，硯體厚重，雕工細膩，石質純淨。古文人以硯為田，筆耕不輟，吳昌碩有硯銘曰"耕石田，歲有秋。棄而不耕，不如童之牧牛。"配雞翅木天蓋及舊桐木盒。

QING DYNASTY A DUAN INKSTONE WITH BUFFALO PATTERN

Illustrated: *Catalogue of the Collection from the Duke Shimazu Clan*, Tokyo Art Club Exhibition, 1928

17.9 × 10.7 × 3.7cm

RMB: 100,000－150,000

1076

明·鵝形眉紋歙硯

說明：鵝硯為明代硯臺常作題材。此硯以歙石雕成鵝形，雕工圓渾質樸，石色青灰，有眉
紋數條，質地細膩光潔，撫之猶如嬰兒肌膚般嬌嫩欲滴，叩之鏗鏘清脆，乃歙石中
之佳品。配木盒。

MING DYNASTY A GOOSE-SHAPED SHE INKSTONE

20.8 × 11 × 4.6cm

RMB: 40,000－60,000

1077

宋·星羅太平端硯

硯盒題字：端石星羅太平硯。宋代。鈐印：楠文夫

出版：《古硯》P144，楠文夫編，日本平凡社，2016 年。

說明：硯為端石所製，長方，端莊厚重。開淌池略如蟬形，線條圓勁剛健。硯額寬大，
　　　上有眼柱十枚，淺刻陽線相連。石色紫，堅實細潤，包漿厚重。

SONG DYNASTY A DUAN INKSTONE

Illustrated: *Ancient Inkstones*, p. 144, Fumio Kusunoki, Heibonsha, Japan, 2016

23.2 × 14.6 × 5cm

RMB: 30,000－50,000

1078

宋·抄手澄泥硯

出版：《古名硯·澄泥諸硯》圖104.，日本 二玄社，1975～1976 年。

說明：硯為澄泥質，呈梯形，作抄手式，開海棠形淌池，線條流利勁挺，硯堂平
　　　整而微凸，牆足內斂，挺拔峻峭，為典型宋硯風格。此硯見於日本二玄社《古
　　　名硯》著錄，亦為市場難得的見於著錄的宋硯。配木天地蓋。

SONG DYNASTY　A CHENGNI INKSTONE

Illustrated: *The Finest Chinese Inkstones: Chengni Inkstones*, pl. 104, Nigensha
Agency, Japan, 1975-1976

17.5 × 10.6 × 3.3cm

RMB: 80,000－120,000

1079

唐・鳳池箕形雙足端硯

說明：箕形硯因其形似日常生活中的簸箕而得名，硯堂作斜坡形，前深後
淺，通常有二足，是唐代流行硯式之一，此硯為端石，小巧文雅，
形制規整，石質溫潤，為古硯中難得之品。

TANG DYNASTY A DUSTBIN-SHAPED DUAN INKSTONE

18.1 × 12.5 × 3.2cm

RMB: 100,000－150,000

1080
唐·箕形硯
說明：硯呈箕形，石質細膩，色紫紅，有分層細紋。硯首硯尾弧形，硯首內深陷，硯面下凹，底承二足。

TANG DYNASTY A DUSTBIN-SHAPED INKSTONE
15.4×10.9×3.7cm
RMB: 15,000－25,000

1081

明·鳳紋圓形石渠歙硯

說明：硯為歙石所製，圓形，開方形石渠硯
池。邊淺刻雲紋及雙鳳紋，刻工清雅。
石色青灰，質地堅潤，硯堂有點點魚
子紋。配紅木硯盒。

MING DYNASTY　A CIRCULAR
SHE INKSTONE WITH PHOENIX
PATTERN

直径 27.4×4.3cm
RMB: 60,000－80,000

1082

明·十六應真圖長方淌池歙硯

說明：硯為歙石，長方形，厚重大氣，開淌池，留闊邊，邊飾夔龍紋，硯四側浮雕十六應真圖，雕工文雅有古意。石色青灰，叩之有金鐵之音，為歙石中上品。配紅木硯盒。

MING DYNASTY A RECTANGULAR SHE INKSTONE WITH ARHAT PATTERN

18.8×12.6×3.9cm

RMB: 28,000－38,000

1083

宋·羅紋抄手歙硯

說明：歙硯出古歙州，為四大名硯之一，久負盛名，蘇東坡評其"澀不留筆，滑不
　　　拒墨，瓜膚而縠理，金聲而玉德"；此硯為歙石所製，作抄手式，淺開淌池，
　　　留闊邊，線條挺拔剛健，石色青灰，質地堅潤，包漿厚重，硯堂處可見羅紋，
　　　為歙硯中上等石材。配紅木硯盒。

SONG DYNASTY A SHE INKSTONE

16.6 × 10.1 × 2cm

RMB: 45,000－60,000

1084

清・袁枚款喧春硯

銘文：香海生涯。子才袁枚得於虎邱。印文：子才

出版：《古硯》第十七卷，第六硯，日本精華堂，1972年。

說明：硯為端溪隨形仔石所製，渾厚自然，硯額外蟲蛀形墨池，
古拙雅致。周圍以梅紋，含苞待放，香氣欲破苞而出。
有"疏影橫斜水清淺，暗香浮動月黃昏"之詩意。配
紅木天地蓋。

QING DYNASTY A XUANCHUN INKSTONE
WITH PLUM BLOSSOM PATTERN AND 'YUAN
MEI' MARK

Illustrated: *Ancient Inkstones*, vol. 17, no. 6, Seikado, Japan,
1972

17.5 × 14.8 × 6.9cm

RMB: 60,000－80,000

1085

清・牛紋淌池端硯

出版：《古硯》第十四卷，第八硯，日本精華堂，1972 年。

說明：硯為端石製，長方，開淌池，留闊邊，淺雕仿古青銅
　　　器勾連雲紋，硯崗處浮雕臥牛一隻，整體簡潔素雅。
　　　石色紫，質地細膩潤澤，叩如木聲，為端溪上佳石材。
　　　配紅木天地蓋。

QING DYNASTY A DUAN INKSTONE WITH
BUFFALO PATTERN

Illustrated: *Ancient Inkstones*, vol. 14, no. 8, Seikado,
Japan, 1972

35.5 × 23.8 × 4.9cm

RMB: 40,000－60,000

1086

明·如意池長方雙面歙硯

說明：歙硯出古歙州，為四大名硯之一，久負盛名，蘇東坡評其"澀不留筆，滑不拒墨，瓜膚而縠理，金聲而玉德"；此硯為歙石所製，一面淺開硯堂，開如意形硯池，留窄邊，線條挺拔剛健，一面開淌池，光素文雅。石色青灰，質地堅潤，包漿厚重，為歙硯中上等石材。配木盒。

MING DYNASTY A RECTANGULAR TWO-SIDE SHE INKSTONE

23 × 14.2 × 2.4cm

RMB: 30,000—40,000

1087

明·長方歙硯

說明：歙硯為出古歙州，為四大名硯之一，米芾在《硯史》中盛讚其"其質堅麗，呵氣生雲，貯水不涸，墨水於紙，鮮艷奪目，數十年後，光澤如初"。此方歙硯作長方淌池式，通體光素無紋飾，線條挺拔，古樸典雅。質堅而潤，極易發墨，系歙硯之佳者。配紅木硯盒。

MING DYNASTY A RECTANGULAR SHE INKSTONE

23.6 × 14.8 × 3.7cm

RMB: 20,000－30,000

1088

清・海上仙山紋長方淌池綠端硯

說明：端石多紫，綠端石為端中異品，以色淺質潤為上。此硯為綠端石製，作長方淌池式，闊邊，線條硬朗，光素無紋飾，背飾海上仙山，雕工精細，石色綠中帶黃，質細而潔淨，為文房中實用佳器。配紅木天地蓋。

QING DYNASTY A RECTANGULAR GREEN DUAN INKSTONE
WITH RIPPLE AND MOUNTAIN PATTERN

21.5×13×3.3cm

RMB: 10,000—20,000

1089

清·蘭亭綠端硯

說明：蘭亭硯最早見於宋代，是一種以蘭亭修契為主題的硯式。此硯以綠端石
　　　所製，為端石中之稀有硯材，石質細膩純潔，色澤青綠純正，質細而發
　　　墨，以蘭亭雅集為題，四側刻修契人物圖，覆手深凹，刻群鵝戲水圖案。
　　　配紅木天地蓋。

QING DYNASTY A GREEN DUAN INKSTONE WITH SCHOLAR
PATTERN

12.4×8×5.8cm
RMB: 10,000－20,000

1090

清 · 竹節端硯

說明：硯極小巧，雕成竹節形，正面微凹為硯堂，腰圓形硯池。硯上有石眼二顆，雕成促織。此硯質地堅密細潤，下發墨極佳。氣息典雅，為不可多得之行匣硯妙品。配描銀竹葉紋漆盒及舊桐木盒。

QING DYNASTY A BAMBOO-JOINT-SHAPED DUAN INKSTONE

7.4×4.3×1.7cm

RMB: 30,000－40,000

1091

清·隨形竹節端硯

說明：端石隨形作竹節硯，形制飽滿自然，正面以竹節分割，浮雕竹枝及竹葉，生動
傳神。石色灰紫，細潤有鋒，藏用俱佳。配紅木天地蓋。

QING DYNASTY A BAMBOO-JOINT-SHAPED DUAN INKSTONE
18.4×10.5×3.6cm
RMB: 18,000－25,000

1092

明·蟾蜍形澄泥暖硯

說明：硯中有暖硯一種，硯體做夾層，內盛熱水或炭火，可
以防止墨在寒冬臘月受冷凝固，因而名之暖硯。此硯
為澄泥質，雕為蟾蜍形，以背為硯堂，硯體中空，上
有孔，可注熱水。

MING DYNASTY A TOAD-SHAPED CHENGNI
INKSTONE

15.4×12.8×5.4cm

RMB: 18,000—25,000

1093

清 · 俏色青鷺紋隨形蠖村石硯

銘文：古墨輕磨滿案香，硯池新樣照人光。石田藏。

說明：蠖村硯出蘇州，質潤色柔，益毫發墨，石性糯而硯鋒健，剛柔
　　　兼濟。因頗類澄泥，亦有稱蠖村澄泥者。宋米芾《硯史》及清
　　　乾隆《西清硯譜》皆有著錄。此硯為蠖村石所製，隨形，色在
　　　黃綠之間，帶黃色石皮，借皮淺雕青鷺一隻。石質細潤發墨，
　　　為蠖村石中佳品。配漆盒。

QING DYNASTY A HUOCUN INKSTONE WITH BIRD
PATTERN

20 × 13.5 × 2.8cm
RMB: 20,000－30,000

1094

清·梅紋隨形雙面端硯

說明：此硯為端石，隨形，雙面淺開硯堂，薄雕梅紋，雙面皆有石眼燦然如星月。石色青紫，有大片天青，質純淨細膩，潤澤無比，鋒芒內蘊，下發爽利，為文房佳品。配紅木硯盒。

QING DYNASTY A TWO-SIDE DUAN INKSTONE WITH PLUM BLOSSOM PATTERN

15.3 × 11.5 × 2.2cm

RMB: 30,000－50,000

1095

清·三十七峰草堂藏多眼端硯

鑒藏印：三十七峰草堂

說明：此硯為端溪佳石所製，橢圓形，開淌池，正面有石眼數顆，
　　　硯背深開覆手，內有眼柱數顆。硯側有陽文"三十七峰
　　　草堂"橢圓形印一枚，清代著名畫家虛谷有此齋號。配
　　　紅木天地蓋。

QING DYNASTY A DUAN INKSTONE
COLLECTED BY SANSHIQIFENGTANG STUDIO

18.8 × 15.3 × 4.9cm
RMB: 30,000－50,000

1096

清·食祿千鐘鐘形端硯

說明：端石，鐘形。正面硯堂淺開，墨池下凹，池畔浮雕一鹿，有食祿千鐘之意，邊緣雕飾回文。硯背施以四排紋飾，上下俱為葉紋，中間為雲龍紋，三四層之間有眼一顆。此硯石色灰紫，石質細膩，下發流利，藏用俱佳。配鐘形紅木硯盒。

QING DYNASTY A BELL-SHAPED DUAN INKSTONE

14.5×11.8×2.2cm

RMB: 30,000－50,000

1097

清 · 貨布端硯

說明：硯為端石所製，仿王莽貨布古幣形，正面硯堂平整，微起陽線，開圓形硯池。
硯背陽刻 "貨布" 二字，造型簡潔，線條挺拔，石質純淨，藏用俱佳。配紫
檀木硯盒。

QING DYNASTY A DUAN INKSTONE WITH 'HUO BU' MARK

13.8×8.3×2.2cm

RMB: 25,000－35,000

1098

山水紋隨形端硯

說明：硯為端石，隨形，形體飽滿，硯堂寬闊平整，硯額及硯背浮雕山水紋，雕工精雅。石色青紫，質地細膩，有大片天青及青花。配紅木硯盒。

A DUAN INKSTONE WITH LANDSCAPE PATTERN

24.5 × 17.6 × 3.4cm

RMB: 20,000－30,000

1099

清·雲龍紋隨形端硯

說明：此硯略呈橢圓形，上斂下豐。正面邊緣略起陽線，上部浮雕雲
　　　龍出海圖案，以雲紋環成硯池，石色青紫，質地堅實細膩，呵
　　　氣成暈，並有天青、火捺、青花等石品。配紅木硯盒。

QING DYNASTY A DUAN INKSTONE WITH DRAGON
AND CLOUD PATTERNS

17.8 × 13.4 × 2.7cm

RMB: 15,000－25,000

1100

清·蒼龍戲珠隨形端硯

說明：硯隨形，上斂下豐。上端浮雕雲龍紋，雕工精細，
線條圓熟。背面浮雕山水紋。硯堂微凹，滿堂青花，
並有翡翠斑、金線等名貴石品。石質幼嫩，呵氣成暈，
為端岩之上品。配紅木硯盒。

QING DYNASTY A DUAN INKSTONE WITH
DRAGON AND PEARL PATTERNS

19 × 16.5 × 2.2cm

RMB: 30,000－50,000

1101

清·雲紋平板端硯

說明：此平板硯作橢圓形，正面磨平，光潔素雅，硯背及硯側殘缺處淺
　　　雕卷雲，頗具格調。硯質細膩，以水濕石，滿硯青花，伴有天青
　　　等珍貴石品，極為可貴。配紅木硯盒。

QING DYNASTY A FLAT DUAN INKSTONE WITH
CLOUD PATTERN

18.6 × 13.4 × 1.9cm

RMB: 20,000－30,000

1102

清·蕉葉端硯

說明：此硯為端石，長方，淺開平池，端莊厚重，硯質極細膩溫潤，呵氣凝露。落墨處及硯背各琢蕉葉數片，自然成趣。配紅木硯盒。

QING DYNASTY A DUAN INKSTONE WITH PLANTAIN LEAF PATTERN

21.5×13.7×3.4cm

RMB: 10,000－20,000

1103

清 · 十八星抄手端硯

說明：抄手硯硯底挖空，兩邊為牆足，可用手抄底托起，故曰抄手硯。抄手硯盛于宋代，也稱為插手硯、手抄硯或者是太史硯，為硯中經典形制。此硯作抄手式，長方，開一字池，色紫，叩如木，硯背抄手內留眼柱十八枚，石質上佳，頗可寶玩。配紅木天地蓋。

QING DYNASTY A DUAN INKSTONE

16 × 9.4 × 6.9cm

RMB: 25,000－35,000

1104

清·龍鳳紋長方端硯

說明：硯作長方形，形制規整，線條挺拔。開堂極淺，硯首處以流雲紋為底，
淺雕龍鳳紋，雕工細膩傳神，流暢生動。硯色紫，純淨無瑕，石質細
膩溫潤，撫之如嬰兒肌膚，有青花、火捺及天青等石品，為端石上品。
配紅木嵌玉硯盒。

QING DYNASTY A RECTANGULAR DUAN INKSTONE WITH
DRAGON AND PHOENIX PATTERNS

21.8 × 14.1 × 2.3cm
RMB: 20,000－30,000

1105

清 · 太平有象長方端硯

題字：端溪飛鼠巖長方小研一方。大正乙丑五月，石農。鈐印：後藤朝太郎

說明：硯作長方，線條挺拔，氣質典雅。硯面淺雕象耳瓶，瓶身微凹以為硯堂，
　　　瓶口內陷借為墨池。象歷來被視為瑞獸，《漢書·王莽傳》曰："天下
　　　太平，五穀成熟"，太平有象預示著天下太平、五穀豐登，人民安居樂業。
　　　配紅木硯盒。

QING DYNASTY　A RECTANGULAR DUAN INKSTONE WITH
ELEPHANT PATTERN

16.4×11.1×2cm

RMB: 20,000－30,000

題者簡介：後藤朝太郎（1881～1945），日本近代著名漢學家，中國著名歷
　　　　　史學家黃現璠留學日本東京帝國大學研究院時的學友。他生前與
　　　　　中國著名學者葉德輝多有交往。在日本學術界被稱為中國通。

1106

清·山水紋平板端硯

說明：硯為端溪佳石，正面光素，硯背淺雕山水紋，雕工文秀。石色青紫，
　　　質地細潔溫潤，純淨無瑕，鋒芒內蘊，為文房佳品。配紅木硯盒。

QING DYNASTY　A FLAT DUAN INKSTONE WITH
LANDSCAPE PATTERN

17.9 × 12 × 2cm

RMB: 10,000－20,000

1107

山水花鳥紋老坑雙面端硯

說明：清人曾有硯銘讚美老坑 "玉斧劈開，紫雲一片。若遇江郎，陰晴百變。
　　　乞靈浚思，青錢萬選"。硯為端溪老坑佳石所制，長方，雙面平池，
　　　上端一刻花鳥，一刻山水，雕工精雅。配紅木硯盒。

A TWO-SIDE DUAN INKSTONE WITH LANDSCAPE, BIRD
AND FLORAL PATTERNS

18.7 × 12.6 × 2.2cm

RMB: 30,000－50,000

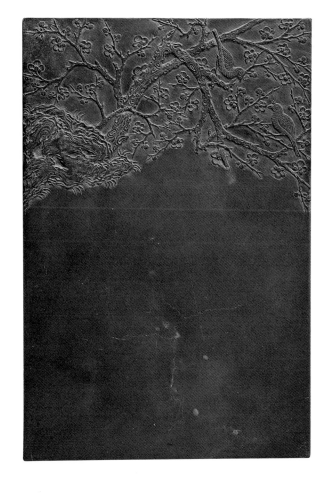

1108

清・長方平板端硯

說明：硯為平板式，形制方正，線條挺拔，石色紫中帶赤，質地溫潤細膩，撫之如嬰兒之肌，為端石中佳品，配紅木硯盒。

QING DYNASTY A FLAT RECTANGULAR DUAN INKSTONE

24.3 × 14.2 × 2.6cm

RMB: 15,000—25,000

1109

老坑平板端硯

說明：端硯老坑又稱水岩，是端硯眾坑中的佼佼者，排位於上三坑之首。古之
愛硯者莫不寶之。此端溪老坑上品所製，硯作長方平板式，色青紫，線
條工整典雅。細膩純潔，呵氣生雲，觸手成霧，具天青、青花等石品。
配紅木硯盒。

QING DYNASTY A FINE FLAT DUAN INKSTONE

19 × 12.6 × 1.9cm

RMB: 20,000－30,000

1110

清·雲龍紋長方砣磯石硯

出版：《古名硯圖譜 I》，P56-57，竹之內幽水著，2003 年。

說明：硯長方，淺開淌池，硯池中浮雕金龍戲水，環以陰刻海水紋，雕刻精細。此
硯為砣磯石製，通體金色，石色斑駁，變化豐富，如海面金波蕩漾，正與金
龍戲水紋飾相合。配紅木硯盒。

QING DYNASTY A RECTANGULAR TUOJI INKSTONE WITH
DRAGON AND CLOUD PATTERNS

Illustrated: *Illustration of Ancient Inkstones*, vol. 1, pp. 56 & 57, Yusui Tekenouchi,
2003

20.5 × 12.3 × 3.8cm

RMB: 30,000－50,000

1111

清 · 夔龍紋砣磯石硯

說明：砣磯石出山東，多色黑如漆，常見銀星夾水波紋，又稱"雪浪銀星硯"。
此硯即以砣磯石製，長方渦池，硯崗處浮雕夔龍紋。硯堂有銀星點點，
隱隱有深色細點如端硯之青花。質地細潤，亦為硯之佳材。配紅木硯盒。

QING DYNASTY A TUOJI INKSTONE WITH DRAGON
PATTERN

19.7 × 13.1 × 3.3cm

RMB: 15,000－25,000

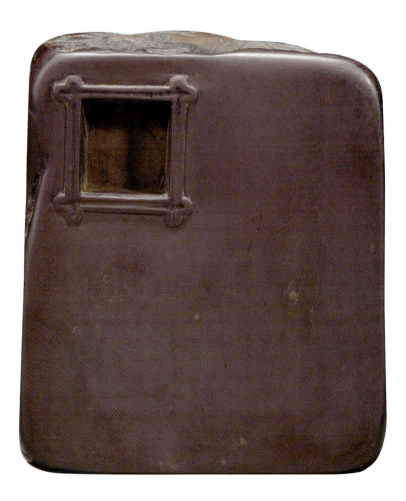

1112

清·井田端硯

說明：硯隨形而近長方，硯體小巧，厚重飽滿，一角開井
字小池，線條圓渾。石色紫，細膩無瑕，堅潤而有鋒，
發墨流利。配紅木天地蓋。

QING DYNASTY A DUAN INKSTONE WITH
WELL PATTERN

10.4×8.9×3.5cm

RMB: 20,000－30,000

1113

清·山水花鳥紋蕉葉白端硯

說明：硯為端石，略隨形，近長方，一面平池，上端淺雕花鳥紋，
　　　硯背雕山水紋，石質細膩溫潤，有大片透底蕉葉白，為端石
　　　中最嬌嫩細膩之處，並有火捺，青花等石品，極為難得。配
　　　紅木硯盒。

QING DYNASTY　A WHITE DUAN INKSTONE WITH
LANDSCAPE, FLORAL AND BIRD PATTERNS

19.8×15×2.4cm

RMB: 15,000－25,000

1114

仿漢長樂未央瓦硯

銘文：長樂未央，秦漢宮址皆有之，蓋古人銘辭取吉祥語，不必定為蕭何所作長樂宮也。

硯盒題字：漢長樂宮之瓦硯。中華民國乙卯春朝，周鎮岳題。鈐印：周鎮岳印

說明：硯為石質，作瓦形，古樸凝重，包漿厚潤，質地堅緊細密，為古人仿古之作。正面開尚池，硯背摹刻長樂未央瓦當文。磚瓦硯興于宋代，以秦漢隋唐時期建築所用的磚瓦為硯，獨樹一幟。至明清，復古風氣日重，磚瓦硯更為流行，以寄託文人雅士思古懷古的情趣理念。配紅木硯盒及桐木盒．

QING DYNASTY AN ARCHAISTIC TILE-SHAPED INKSTONE

25.7 × 14.5 × 1.6cm

RMB: 20,000－30,000

題者簡介：周鎮岳［晚清民國］，燕京人，号逸史，夢松。晚清三品職，擅画。

1115

雲紋高眼隨形端硯

說明：硯隨形，圓厚飽滿，正面
浮雕雲紋，舒卷成硯池，
用刀圓渾，雲紋中有高眼
一顆，雖小而佳。石色紫，
細潤發墨，為藏用皆宜之
佳器。配黃花梨木硯盒。

A DUAN INKSTONE WITH
CLOUD PATTERN

14.8×20.6×3cm
RMB: 20,000－30,000

1116

清·瓜瓞綿綿隨形硯

說明：硯雕作瓜形，開一碩大瓜形硯堂，旁雕小瓜三兩及藤葉，背面滿
工雕藤蔓纏繞，瓜葉紛披，花朵綻放，間有蝴蝶飛舞其間，層次
繁複，雕工生動傳神。配木雕瓜瓞綿綿硯盒。

QING DYNASTY A MELON-SHAPED INKSTONE

14.8 × 10.8 × 2.2cm

RMB: 20,000—30,000

1117

清·瓜瓞綿綿青花端硯

說明：硯作瓜形，正面作平池，邊緣微起陽線，硯堂有大片蕉葉白，
　　　滿布青花，為端硯中至佳石品。硯背浮雕瓜瓞綿綿圖案。古
　　　人云"大曰瓜，小曰瓞。瓜之近本初生蒂小，其蔓不絕，至
　　　末而後大也"。後多以此紋飾寓子孫繁衍昌盛。配紅木硯盒。

QING DYNASTY A FINE MELON-SHAPED
INKSTONE

16.6 × 12.7 × 3.1cm

RMB: 15,000－25,000

1118

清・隨形水歸洞老坑平板端硯

硯盒題簽：清代老坑水歸洞石。鈐印：富米珍藏

說明：端硯按開採的地點可分出水归洞、大西洞、小西洞、东洞、古塔岩、朝
　　　天岩等，其中水归洞和大西洞之硯石最佳。水归洞位于大西洞左側，为
　　　老坑洞名之一，约开採于明代。此硯以水歸洞端石雕成，作隨形平板式，
　　　色青紫，柔嫩潤澤，細膩有鋒，为水歸洞石之佳者。此硯原為富米齋舊藏。
　　　配紅木硯盒。

QING DYNASTY A FINE FLAT DUAN INKSTONE

25.7 × 16.6 × 3cm

RMB: 20,000－30,000

1119

清·老坑冰紋平板端硯

出版：《觀硯錄》P8、P9。

說明：老坑石為端硯諸坑石之首，冰紋為端石石品六大名品之一，多見於老坑
石。此硯為老坑石所制，長方圓角，雙面磨平，不加雕飾，滿布冰紋及
金線，並有石眼一顆，為不可多得之老坑佳石。配紅木硯盒。

QING DYNASTY A FINE FLAT DUAN INKSTONE

Illustrated: *Appreciating Inkstones*, pp. 8-9

15 × 10 × 2.5cm

RMB: 20,000－30,000

1120

風字池隨形老坑端硯

說明：端硯老坑又稱水岩，是端硯眾坑中的佼佼者，排位於上三坑之首。古之愛硯者莫不寶之。清人曾有硯銘讚美老坑"玉斧劈開，紫雲一片。若遇江郎，陰晴百變。乞靈浚思，青錢萬選"。此硯為老坑佳石隨形所製，開風字池，石色青紫，有大片天青，質地溫潤細膩，為端石之至佳者。配紅木天蓋。

A FINE DUAN INKSTONE

15.5 × 12 × 3.2cm

RMB: 25,000－35,000

1121

蕉葉白天成老坑端硯

說明：老坑石為端硯諸坑石之首，冰紋為端石石品
六大名品之一，多見於老坑石。蕉葉白，為
石中極細嫩之處。此硯為老坑石所制，隨形，
正面淺飾雲紋，硯堂有大片蕉葉白，滿布冰
紋。背面不加雕飾，有碩大石眼一顆，並有
火捺及青花等石品，為不可多得之老坑佳石。
配紅木硯盒。

A FINE WHITE DUAN INKSTONE

$12 \times 11.5 \times 3.2$cm

RMB: 12,000－20,000

1122

清·荷葉形洮河石硯、琴形端硯二方

銘文：日照洮河皺金翕，宋時美蕉綠藍衣。淬筆不用端歙石，翠荷超過趙璧奇。古風題刻。

說明：硯二方，一為洮河石，雕成荷葉形，雕刻簡潔，正面有"洮河綠"及"永寶"字樣，
　　　一為琴形，琴身之龍齦、冠角与腰顯現，其余則藏于琴囊之中，配嵌銀絲紅木硯盒。

QING DYNASTY A LOTUS-LEAF-SHAPED TAOHE INKSTONE AND
A QIN-SHAPED DUAN INKSTONE

16.8 × 13.2 × 2.8cm

15.2 × 8.8 × 2.1cm

RMB: 15,000－25,000

1123

清·端硯二方

銘文：樸而文，見天真。佰堅。

說明：皆配紅木硯盒。

QING DYNASTY TWO DUAN INKSTONES

10×7.8×2.2cm

13.4×9.3×2.8cm

RMB: 10,000－20,000

1124

清·端硯二方

說明：隨形老坑端硯一方，配紅木硯盒。夔龍紋長方端硯一方，配紅木天地蓋。

QING DYNASTY TWO DUAN INKSTONES

13.4 × 8.1 × 1.8cm

15.1 × 10 × 2.4cm

RMB: 10,000－20,000

1125

圭形池硯二方

說明：圭形池長方端硯一方，配紅木硯盒。夔龍紋圭形
　　　池硯一方，配紅木嵌癭木硯盒。

TWO DUAN INKSTONES
22.7 × 14.8 × 4.2cm 25.4 × 16 × 3.7cm
RMB: 30,000－40,000

1126
清·鵝形端硯、佛手端硯二方

QING DYNASTY A GOOSE-SHAPED DUAN INKSTONE AND A
FINGERED CITRON-SHAPED DUAN INKSTONE

14.5 × 8.7 × 2cm   3.8 × 8.6 × 2.1cm
RMB: 30,000—50,000

1127

明·月池硯二方

說明：皆配紅木硯盒。

MING DYNASTY TWO INKSTONES

18×9×2.2cm 15.8×9.4×3.1cm

RMB: 15,000－25,000

1128

雲紋帶眼隨形仔石端硯

說明：硯為端溪仔石所製，隨形，帶金黃色石皮，
圓厚飽滿，平池，硯額雕雲紋，用刀圓渾，
雲紋中有石眼一顆，圓正有瞳。石色紫，細
潤發墨，為藏用皆宜之佳器。配紫檀硯盒。

A DUAN INKSTONE WITH CLOUD PATTERN

15.7 × 17 × 4.6cm

RMB: 8,000—12,000

1129

《古名硯》硯譜一套五冊

昭和五十年至五十一年（1975～1976）二玄社出版

編號一三六

5 冊紙本

說明：《古名硯》此書為昭和五十年至五十一年（1975～1976）二玄社出版，集日本所藏中國古硯之精華。限量發行 1000 部，本書編號一三六，狀態極佳。圖版印刷上乘，如實地再現了古硯之精妙與石質之幽趣。古硯基本按照原寸收錄，卷末解說列記尺寸、重量、石質特徵，簡易的所載書目，並附相應的拓片、圖版資料、銘文及釋文。裝幀豪華精美，是古硯鑒賞價值極高的重量級巨作。全書共分五冊：第一冊，端硯，收錄 73 方；第二冊，端硯，收錄 79 方名硯；第三冊，洮河、綠石，收錄 45 方名硯；第四冊，歙硯，收錄 62 方名硯；第五冊，澄泥、諸硯，收錄 88 方名硯。

THE FINEST CHINESE INKSTONES (5 vols)

Published by Nigensha Agency between 1975 and 1976

5 volumes

45×34cm×5 冊

RMB: 20,000－30,000

1130

清同治·查二妙堂 "知其白" 墨三十二錠

說明：墨32錠，舌形，皆為查二妙堂製，其中一錠 "知其白" 墨與
其餘版本相異，另有 "富貴圖" 墨一錠，同一版式的 "知其白"
墨實為30錠。墨8錠裂粘，中有2錠裂較多，另外6錠裂少。
其餘24錠基本完好。查二妙堂為道光年間製墨家，據《清墨
談叢》至遲在道光初年，且事業相當發達，工藝可與胡學文、
潘逢吉相伯仲。此墨是仿明代方於魯而製。二妙堂自創業以來，
經道光、咸豐朝，已經有相當的基礎，但至同治年間，店名
之下增加了 "紹記" 字樣，到了光緒又出現了 "友記"，號 "友
于氏"，至此二妙堂已三世矣。

**TONGZHI PERIOD, QING DYNASTY THIRTY-TWO
INKSTICKS MADE BY CHAERMIAOTANG STUDIO**

7.8 × 1.9 × 0.7cm × 32　每錠重約15g

RMB: 30,000－50,000

1131

清同治・查二妙堂 "五色天書詞爛漫" 墨三十二錠

說明：查二妙堂墨 32 笏，其中一錠乃光緒己卯年 "夢花山館藏煙" 墨，
餘者皆為同治八年時墨，墨呈碑形，素淨無文，一面書 "海棠
泛判蒼使品煙"，一面 "五色天書詞爛漫"，字體各異，陰識填金。
側署 "同治八年冬月"、"徽州查二妙堂制"，頂 "五石超煙"。

TONGZHI PERIOD, QING DYNASTY THIRTY-TWO
INKSTICKS MADE BY CHAERMIAOTANG STUDIO

8×2×0.7cm 每錠重約 15g

RMB: 30,000－50,000

1132

清嘉慶·汪節菴製吳南昀 "漱金家藏" 墨八錠

說明：墨八錠，上下俱倭角，面背及兩側描金雲蝠紋，正面 "漱金家藏"、背面 "吳南昀珍藏墨寶"，陰識填金。
　　　側署 "嘉慶戊午年"、"歙汪節菴造"，頂 "貢煙"，俱楷書陽文。此墨製作精美，保存完好，配舊描金龍
　　　紋漆木盒。吳甸華，字南昀，沭陽人，乾隆三十六年（1771）舉人，四十五年（1780）進士。嘉慶十三
　　　年（1808）任黟縣令。建紫陽書院，裒儲經籍，複增置義塚，葬二萬六千餘棺。驅逐棚民。毋得墾山，
　　　開煤燒炭。十七年（1812）修縣誌成。吳氏對制墨極其講究，俱非凡式。

JIAQING PERIOD, QING DYNASTY　EIGHT INKSTICKS WITH 'SHU JIN JIA CANG'
MARK MADE BY WANG JIE'AN

8.5×2×1cm×8　每錠重約 25.5g
RMB: 30,000－50,000

1133

清晚期·胡子卿製黃山風景集錦墨八錠

說明：黃山風景集錦墨 8 錠，一面模印黃山風光，名為 "齊雲"、"練江"、"龍尾"、"西幹"、"問政"、"紫陽"、"高湖"、"黃海"；背面則有相應的詞句描述，景名及款識部分描金。最後一錠側署 "徽州胡子卿製"。畫面模造精細，用料上佳，詩畫相配頗有文人雅趣。墨的質地堅細，鐫刻精美，畫面生動，集繪畫、書法、雕刻藝術成就於一體，不可多得。配舊描金漆木盒。

LATE QING DYNASTY EIGHT INKSTICKS WITH LANDSCAPE
PATTERN MADE BY HU ZIQING

8.5×2×1.2cm×8　每錠重約 31g
RMB: 30,000－50,000

1134

清末·十錦圖彩墨一套（十錠）

說明：配舊描金漆木盒。

LATE QING DYNASTY A SET OF
TEN COLORED INKSTICKS

尺寸不一，重量不一

RMB: 20,000－30,000

1135

清晚期·墨苑翠珍提梁墨一套十六錠

LATE QING DYNASTY A SET OF
SIXTEEN INKSTICKS

尺寸不一，重量不一
RMB: 40,000－60,000

1136

清末·文苑珍賞手卷墨一套（十錠）

LATE QING DYNASTY A SET OF TEN
INKSTICKS WITH 'WEN YUAN ZHEN
SHANG' MARK

尺寸不一，重量不一

RMB: 8,000－12,000

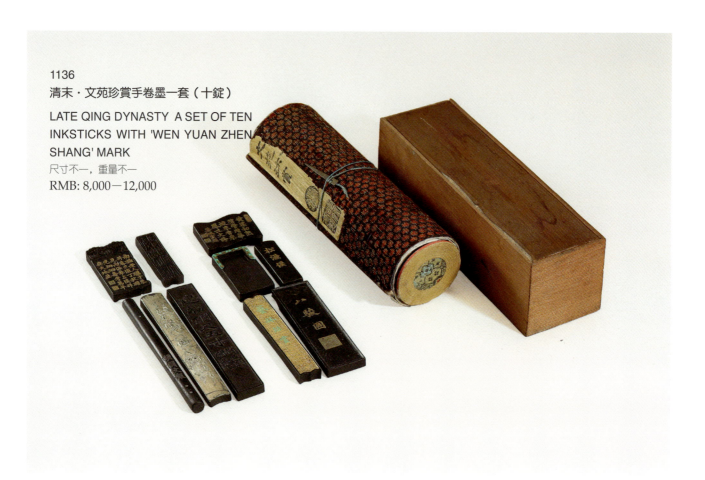

1137

清晚期·胡開文"翰苑珍藏"手卷墨一套（十錠）

LATE QING DYNASTY A SET OF TEN
INKSTICKS WITH 'HAN YUAN ZHEN CANG'
MARK MADE BY HU KAIWEN

尺寸不一，重量不一

RMB: 12,000－20,000

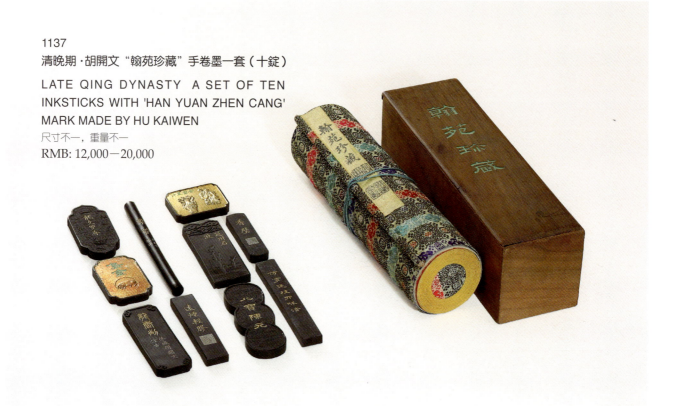

1138

清末 · 五老圖墨、彩墨等十一錠

LATE QING DYNASTY ELEVEN INKSTICKS

尺寸不一，重量不一

RMB：20,000－30,000

1139

清末 · 龍賓十二、文苑精華墨等十一錠

LATE QING DYNASTY ELEVEN INKSTICKS

尺寸不一，重量不一

RMB：20,000－30,000

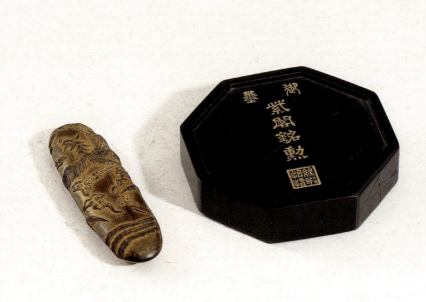

1140

清乾隆·紫閣銘勳、鳳紋墨二錠

說明：紫閣銘勳墨呈八邊形，雙面起框。框內上部填金隸書"御墨"，中間填金隸書"紫閣銘勳"，下鈐"幾暇怡情"印。側陽文楷書"大清乾隆年製"。背鍇"紫閣銘勳"圖案，宮殿樓閣建築偉麗，矗立雲間，雲氣穿梭於樓層間，仙氣氤氳。鳳紋墨一刃，舌形，通體塗金，繪雙鳳紋，模刻精緻，製作精良，亦當為御墨無疑。

QIANLONG PERIOD, QING DYNASTY AN INKSTICK WITH PAVILION PATTERN AND AN INKSTICK WITH PHOENIX PATTERN

7.8×7.8×1.4cm　重約67.7g；7.2×2×0.9cm　重約13.3g

RMB: 50,000－70,000

1141

明末·程君房製 "百子圖" 墨

說明：墨呈圓形，雙面起框，模印民間流行的傳統題材 "百子圖"，眾小兒體態各異，三
兩成群，或坐地弈戲、識字、憑欄遠眺，或玩傀儡，或據水戲水、對弈、撈魚，
或聊天、鬥蟋蟀、玩鳥、耍杆，豐富多彩，天真活潑，熱鬧歡愉。兒童與庭院精
緻滿飾墨面，構圖飽滿，層次分明，排列疏密有致，畫面動靜結合，刻工細膩，
毫髮不爽，充分展現了高超的製墨刻模之技藝。兩側分別署 "萬曆丙午年造"、"程
君房墨"。墨下端已磨用。

LATE MING DYNASTY AN INKSTICK MADE BY CHENG JUNFANG

直徑 12.5　厚 1.9cm　重約 236g

RMB: 50,000－80,000

1142

明·人物詩文墨

說明：墨呈圓形,已磨小半,邊起漆框,一面模刻唐·李益《寫情》詩：水紋珍簟思悠悠,
　　　千里佳期一夕休。從此無心愛良夜,任他明月下西樓。另一面刻繪人物圖案。

MING DYNASTY　AN INKSTICK WITH FIGURE PATTERN AND
INSCRIPTION

9.2×7×1.3cm，重約 83.5g

RMB: 30,000－40,000

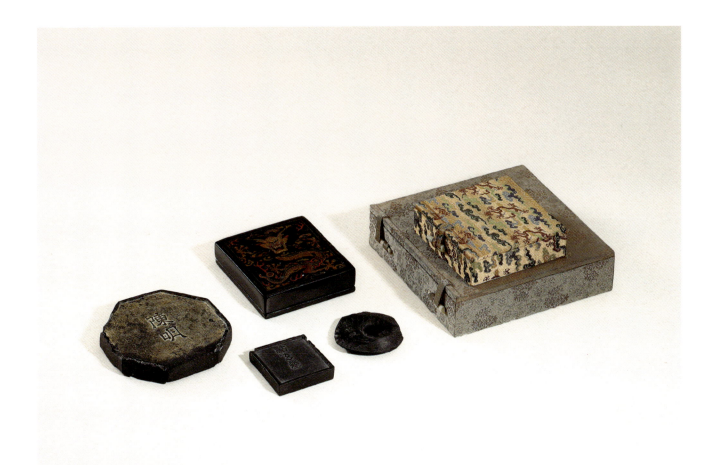

1143

明·松玄、墨狻猊、陳明墨三錠

說明：松玄、陳明墨各一錠，形式不一。墨狻猊一錠，扁圓形，漆煙，墨面極細，亮而光澤，類黑玉，明墨質地特徵。一面為狻猊伏臥狀，狻猊弓背，背脊肌肉顯現，鬃毛捲曲外張，圓眼闊鼻，張嘴，遊戲火珠，墨板刻畫層次豐富。另一面為狻猊底部，一側陰刻"墨狻猊"，刻線深而有力，內有石綠色殘留，顏色因年代久遠已褪色。故宮博物院藏有清代漆煙"古狻猊墨"，形式與本品相近，而細節有不同，其一底部本品刻畫出狻猊瑞獸的底部，而故宮的則是背面平滑在方框內刻"古狻猊墨"形式較為簡單；墨面的"犀皮"感明代墨更為明顯。故宮古狻猊墨據清代進士袁勵准撰寫的《中舟藏墨錄》認為此墨式樣與羅小華的作品風格相似，因而斷定為羅氏作品。明代方于魯也製墨狻猊。

MING DYNASTY THREE INKSTICKS WITH LION PATTERN

5.3×4.8×1cm　重約 24.8g；5.5×5.6×0.7cm　重約 19.9g；9.7×9.6×1.7cm　重約 150.8g
RMB: 20,000－30,000

1144

清末·左宗棠八寶奇珍墨四錠

說明：八寶奇珍墨四錠，系集錦墨之失群者。斷木紋墨：通體飾卷雲紋，上下兩端填金斷木輪
紋式，正面隸書"湘陰左氏選煙"，陰識填金。背面填金卷雲紋三輪。側署"徽州屯鎮
老胡開文造"。亞形墨：通體卷雲紋，正面楷書"湘陰左氏選煙"，陰識填金；背面鈐隸
書"香"字印，下端繪雙龍戲球圖樣，文字圖案俱填金。側署"徽州屯鎮老胡開文造"。
碑形墨：墨上一龍飛騰，正面頭尾相接，通體龍纏碑圖樣，上下端均以如意紋裝飾。正
面楷書"湘陰左氏選煙"，陰識填金，側署墨側陰文楷書"徽州屯鎮老胡開文造"。另一
錠亦為碑形墨，茲不贅述。配舊錦盒。

LATE QING DYNASTY FOUR FINE INKSTICKS WITH DRAGON
PATTERNS

13.2×3.5×0.9cm　重約60.5g；14.5×3.7×1cm　重約55.4g；
13.6×4.2×0.9cm　重約55.1g；13.3×3.8×0.9cm　重約60.3g
RMB: 8,000－12,000

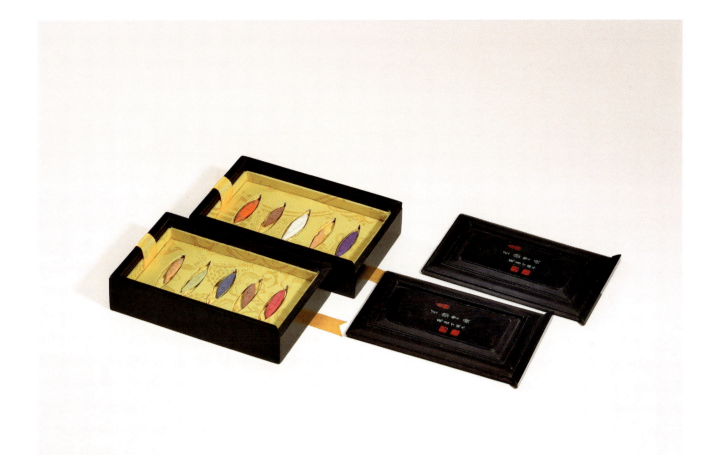

1145

丁輔之舊藏，清乾隆·曹素功五彩墨十錠

說明：鶴廬丁輔之舊藏清乾隆朝礦石原料彩墨十錠，分兩組，分別以紅木盒貯之，盒
蓋俱有丁輔之題刻。兩組彩墨分別為：桃紅、赭石、雄精、淡綠、頭青；硃磦、
赭石、雄精、蛤粉、二紫。並附丁輔之孫丁利年跋一頁。

尺寸不一，重量不一

QIANLONG PERIOD, QING DYNASTY　TEN COLORED INKSTICKS
MADE BY CAO SUGONG AND COLLECTED BY DING FUZHI

RMB: 20,000－30,000

藏者簡介：丁輔之（1879 ～ 1949），原名仁友，後改名仁，字輔之，號鶴廬，又號守
寒巢主，後以字行，浙江杭州人，居上海。出生書香世家，系晚清著名藏
書家"八千卷樓主人"丁松生從孫。喜篆刻，名印金石，代有收羅，尤以
西泠八家印作為多。並擅畫花卉瓜果，極其璀璨芳菲。1904 年與王褆、吳隱、
葉為銘等創立西泠印社於杭州孤山。

1146

清末·一笏金、延陵吳氏家藏、翰林風月等墨七錠

LATE QING DYNASTY SEVEN FINE INKSTICKS
WITH 'YI HU JIN' MARKS COLLECTED BY WU'S
FAMILY IN YANLING

尺寸不一，重量不一

RMB: 5,000－8,000

1147

清晚期·萬杵松精、紫玉光、琴式墨三錠

LATE QING DYNASTY THREE INKSTICKS

1.7×0.7×7cm 重約13.4g；2.2×1×8cm 重約28g；
2.1×0.7×8.7cm 重約14g

RMB: 8,000－12,000

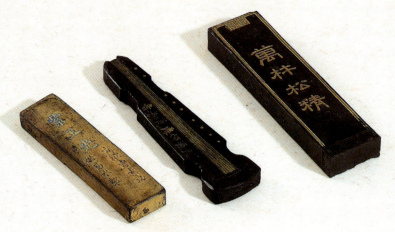

1148

清·葉元卿蒼蒼室青琅軒墨

QING DYNASTY AN INKSTICK WITH 'YE YUAN QING
CANG CANG SHI' MARK

10.9×3.5×0.8cm 重約 41g

RMB: 8,000－12,000

1149

清·龍賓十二、太平如意、催詩雲、朱砂等墨八錠

說明：劉叔模舊藏，由其家屬提供。

尺寸不一，重量不一

QING DYNASTY EIGHT INKSTICKS

RMB: 10,000－20,000

1150

清·古喻麋、一笏金、獸鈕章墨等七錠

QING DYNASTY SEVEN INKSTICKS

2.7×2.7×7.4cm　重約66g；2×3×7.3cm　重約44g；
2.1×2.1×7.5cm　重約40g；1.8×0.8×8cm×2　每錠重約17g；
2×0.8×9cm×2　每錠重約17g；
RMB: 10,000－20,000

1151

清末民國·五百斤油、氣葉金蘭、金殿餘香等墨六錠

LATE QING DYNASTY-REPUBLIC OF CHINA SIX INKSTICKS

1.9×0.8×8cm×2　每錠重約16.8g；2.6×1×10.5cm×2　每錠重約35g；
3.4×2.1×12cm　重約124g；3.4×2.2×13cm　重約133g
RMB: 15,000－25,000

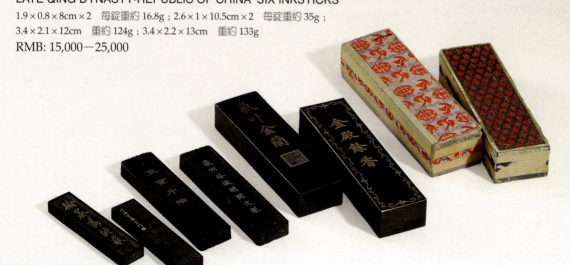

1152

清末民國·君子之國、如香著紙、衣被萬方、風
傳尺素墨五錠

LATE QING DYNASTY-REPUBLIC OF CHINA
FIVE INKSTICKS

尺寸不一，重量不一
RMB: 12,000－20,000

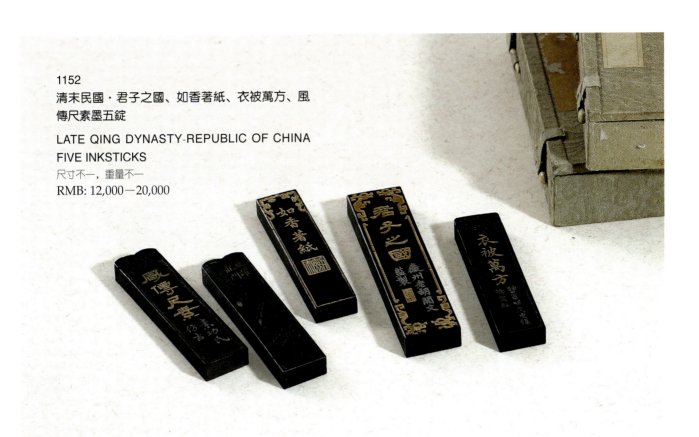

1153

清初·八吉祥、穀璧墨二錠

說明：配舊描金漆木盒，盒子有破損。

EARLY QING DYNASTY　TWO INKSTICKS
WITH AUSPICIOUS PATTERNS

直徑 7.7　厚 1.2cm　58.3g；直徑 6.5　厚 1cm　29.6g
RMB: 30,000－50,000

1154

民國 · 吳昌碩、王震、胡公壽書畫定版墨六錠

REPUBLIC OF CHINA SIX INKSTICKS PAINTED
BY WU CHANGSHUO, WANG ZHEN AND HU
GONGSHOU

尺寸不一，重量不一
RMB: 10,000－20,000

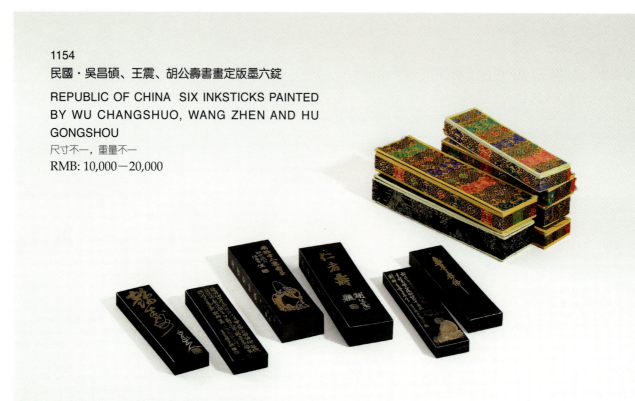

1155

清末民國 · 光被四表、流芳百世、頤壽廬珍藏、
和風甘雨等墨七錠

LATE QING DYNASTY-REPUBLIC OF CHINA
SEVEN INKSTICKS

尺寸不一，重量不一
RMB: 8,000－12,000

1156

民國・百壽圖、大好山水墨七錠

REPUBLIC OF CHINA SEVEN INKSTICKS

13.2×3.1×1.1cm×2　每錠重約 67.5g；10.2×2.4×1cm×5　每錠重約 37g

RMB: 15,000—25,000

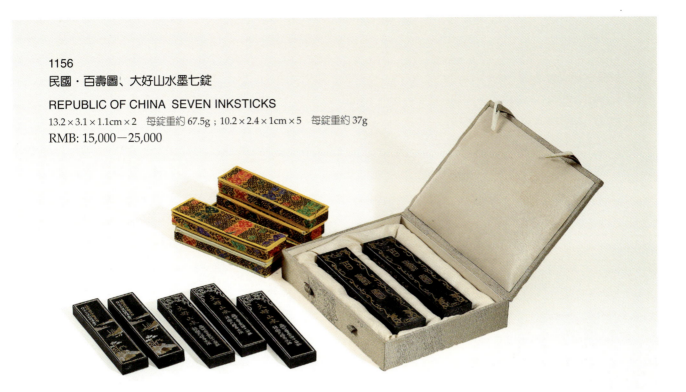

1157

清末民國・磨盡思王才八斗、八卦、邀月探梅等墨十錠

LATE QING DYNASTY-REPUBLIC OF CHINA TEN INKSTICKS

尺寸不一，重量不一

RMB: 15,000—25,000

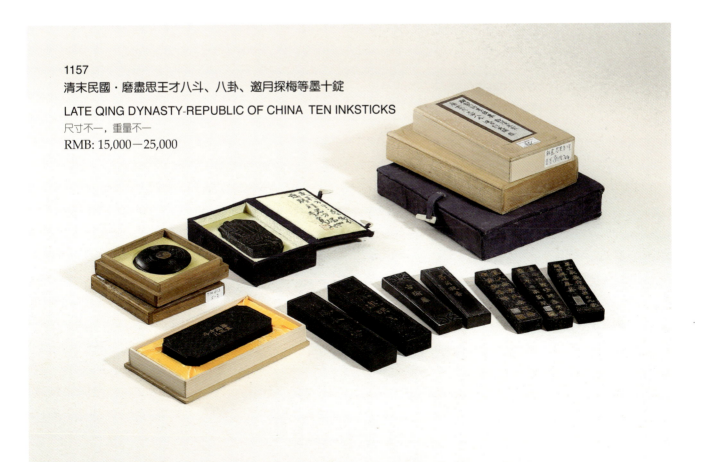

1158

清·環溪書屋珍藏墨四錠

QING DYNASTY FOUR INKSTICKS
COLLECTED BY HUANXISHUWU

1.9×0.8×8cm×4 每錠重約 16g
RMB: 10,000－20,000

1159

民國·百壽圖、古喩麋、射策第一、龍光萬載等墨九錠

REPUBLIC OF CHINA NINE INKSTICKS
尺寸不一，重量不一
RMB: 10,000－20,000

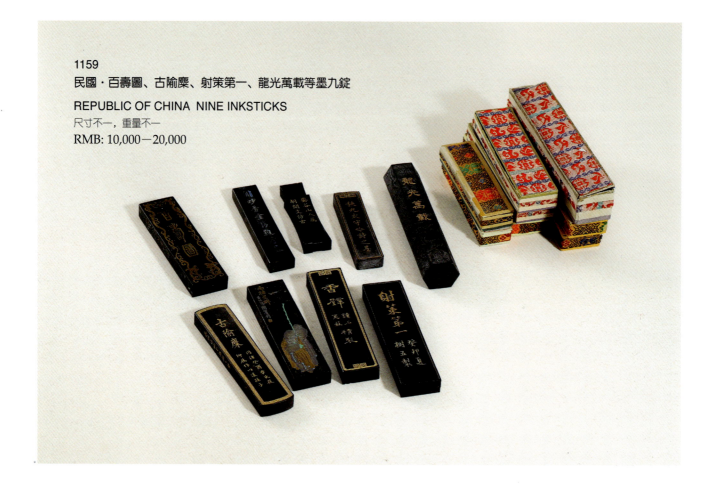

1160

清·雲蝠紋朱砂墨二錠

QING DYNASTY TWO CINNABAR
INKSTICKS WITH CLOUD AND BAT
PATTERNS

6×1.6×1.1cm×2　每錠重約51.5g

RMB: 30,000－40,000

1161

悔道人選煙、大富貴亦壽考、驪龍珠、漱金等墨十二錠

TWELVE INKSTICKS

尺寸不一，重量不一

RMB: 15,000－25,000

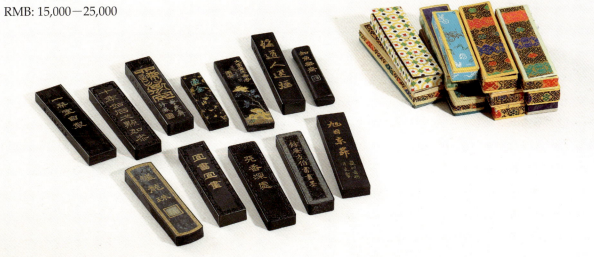

1162

清末民國·虎溪三笑、墨寶、龍翔鳳舞、
富山氏選煙、龍麟雲鳳等墨十錠

LATE QING DYNASTY-REPUBLIC
OF CHINA TEN INKSTICKS

尺寸不一，重量不一
RMB: 10,000－20,000

1163

舊墨二十一錠

說明：配舊描金朱漆木盒。

TWENTY-ONE OLD INKSTICKS

尺寸不一，重量不一
RMB: 1,000－3,000